# 圆融的智慧

## 做个会说话的聪明人

黄志坚 ◎ 著

天津出版传媒集团

天津人民出版社

图书在版编目（CIP）数据

圆融的智慧：做个会说话的聪明人 / 黄志坚著. --
天津：天津人民出版社，2016.5
　　ISBN 978-7-201-10236-8

　　Ⅰ.①圆… Ⅱ.①黄… Ⅲ.①语言艺术–通俗读物
Ⅳ.①H019–49

中国版本图书馆 CIP 数据核字（2016）第 055047 号

## 圆融的智慧:做个会说话的聪明人
YUANRONGDEZHIHUI:ZUOGEHUISHUOHUADECONGMINGREN

黄志坚　著

出　　版　天津人民出版社
出 版 人　黄　沛
地　　址　天津市和平区西康路 35 号康岳大厦
邮政编码　300051
邮购电话　（022）23332469
网　　址　http://www.tjrmcbs.com
电子信箱　tjrmcbs@126.com

责任编辑　刘子伯

制版印刷　北京文昌阁彩色印刷有限责任公司
经　　销　新华书店
开　　本　880×1230 毫米　1/32
印　　张　8
字　　数　173 千字
版次印次　2016 年 5 月第 1 版　2016 年 5 月第 1 次印刷
定　　价　32.80 元

# 目录
## Contents

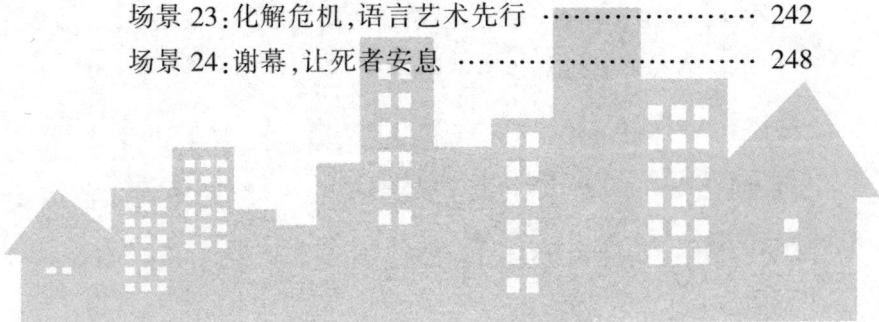

# 第1章 学会交谈让你左右逢源

人人生来都是纯真的，每个人死去前都是说谎者。

——沃夫纳格（法国道德学家）

人类每天都在经受谎言的冲击。那么，说谎的都是些什么人呢？

# 谨言慎语 PK 口无遮拦

世界上没有比人更会创造的物种了。圣奥古斯丁认为，人们有时宁愿听信谎言，却不肯听信真话，他们觉得真话是冰，谎话是火。

人们之所以要谨言慎语，是因为语言往往会造成不好的影响，甚至是伤害。比如病人病情严重时，我们说真话反而会使他的病情恶化。再如，一个人出门在外，日子过得艰难，如果口无遮拦，跟父母实话实说，只会让他们担忧，却不能解决实际问题。还有，一个你不喜欢却又不得不与其交往的人，你直接说出自己真正的想法时，对方即使不生气，也会对你敬而远之。

总之，语言有时就像一把冷冰冰的尖刀，让人觉得心寒，更容易使人陷入尴尬的局面。而注意了语言，有时却可以维护别人的面子，给人一份好心情，能够使对方产生认同感，获得一份好人缘。

## 口无遮拦是需要付出代价的

从前，有一个口无遮拦的人，什么事情他说出来都不好听，所以，不管他到哪儿，总是被人赶走。最后，他变得一贫如洗,无处栖身。后来,他来到一座修道院,跟修道院院长说,自己因为诚实,说话总得罪人,所以受到排挤。修道院院长悲天悯人,就把他留在了修道院里。

修道院里有几头已经不顶用的牲口,院长想把它们卖掉,可是他不敢派手下人到集市去,怕他们把卖牲口的钱私藏腰包。于是,他就叫新来的这个诚实人把两头驴和一头骡子牵到集市上去卖。

诚实人在买主面前只讲实话说:"尾巴断了的这头驴很懒,喜欢躺在稀泥里;另一头驴性子特别倔,任你怎么抽打,它一步路也不想走;而骡子又老又瘸,如果干得了活儿,我们干吗要卖掉啊?"

结果买主们听了这些话就走了,谁也不来买这些牲口了。于是,诚实人到晚上又把它们赶回了修道院。听完诚实人讲述完集市上发生的事,院长说:"我真不应该留你这样的人,老兄,你爱上哪儿就上哪儿去吧!"就这样,他又从修道院离开了。

一些耿直的人,喜欢实话实说,常常让人觉得太过莽直、锋芒毕露。但人在通常情况下,都喜欢听好话,不愿听到伤害自己的话。在特定的场合显示一下自己的锋芒,是很有必要的,但如果太过,不仅会刺伤别人,也会损伤自己。

看过《三国演义》的读者一定还记得那个自以为聪明的杨修,他之所以不得好死,就在于他不懂得人性的阴暗,特别是对于曹操这种妒才之人。杨修自作主张把曹操写着"一盒酥"的点心与大家分着吃光了。这让曹操心生妒忌,总想找个

机会把杨修给办了。后来,曹操在汉中战场与刘备交战处于不利地位,因为说了一句鸡肋,而被杨修看出自己有退兵的意思。杨修口无遮拦地说了出来,曹操借口说他扰乱军心,就把他杀了。杨修自以为聪明,却不想一想,真相一旦被揭穿,这不仅说明曹操是一个生性多疑的人,而且说明你曹操的智慧也不过如此,这对于一人之下、万人之上的丞相而言,威望的损害是巨大的。所以,杨修不死不行。因此杨修聪明反被聪明误,付出了生命的代价。可见,说出真相往往是需要付出相当大的代价的。

凡事追求真相,是我们的天性,但所有事都要追求真相的人生,是绝对不会得到安宁的。下面这个寓言故事值得我们深思。

一名因受到欺骗而伤心透顶的男子在大街上散心。他在街头看到有一家商店货架的牌子上写着各种各样的"真相"。他感到很奇怪,便走了进去。

在一个柜台前,他问店员:"这是卖真相的商店吗?"

店员答道:"是的,先生,您要买什么真相?部分真相、相对真相、统计真相,还是完全真相?"

他不假思索地说:"我要买完全真相!"

"对不起,先生,您知道买完全真相要付出多少代价吗?"店员问道。

"不知道。"他嘴上这样说,可是心里想,为了买到完全真相不论多少代价我都愿付出。

店员告诉他,如果他要买走完全真相,需要付出的代价是自己永生不得安宁。他听后大吃一惊,急匆匆地走出了商店。他有些悲哀地意识到,他毕竟还需要一些借口把某些他还没有能力直面的真相掩盖,以免遭受伤害。

口无遮拦的后患是无穷的。即使本来不是原则问题,比如对事物的看法,对世界的认识,对矛盾的处理,对某个问题解决之道的不同见解,但常常都有可能因为你口无遮拦,付出惨痛的代价。

就是在朋友、恋人、家人面前,不讲究方法直截了当地要说就说,即使道理再对,也一样可能产生并不理想的效果。因为人性中有许多难以克服的东西,比如虚荣心、自尊心等,一不小心就可能会伤了他们的脸面。因此,我们在家庭中也常常发生矛盾,有些道理怎么也讲不通,难以分辨是非曲直,虽然说的是真话也无济于事。而最后有时竟发现,关键就在于我们把话说得过于直白和尖锐,伤了别人的面子。可见,话不是什么时候都能说的,如果坚持口无遮拦,需要的不仅是勇气,还有你必须要承担的代价。

## 适当的时候说适当的真话

有时候,虽然我们如实地说出自己的想法,明确地拒绝或者坦诚地否定,但是对方未必欣赏你的诚实,也未必理解你对真相的尊重,反而会认为你是对他有意见,不给他面子,故意给他难堪,自然不会对你有什么好感。就算是明知你说的是忠言,可是因为逆耳,也会恼羞成怒,以后一有机会就会以牙还牙,成为你的敌人。

电视剧《闯关东》里有这样一个情节。

夏掌柜带着伙计到穆公家赴宴。穆公夸了伙计一句，还请他一起落座。席间，夏掌柜提出一个问题："经商第一要紧的是什么？"

有人说："那还用问？就是赚钱呗！"

夏掌柜道："以我之见，应当是诚实。然则不是无原则的诚实，是巧妙地运用诚实，也就是说，在适当的时候，以适当的方式，对适当的人说实话。经商的人免不了圆滑，可是如果一味圆滑，和实话不沾边儿，就无异于自弃于市。为什么？谁还愿意和一个永远虚伪、不说实话的人打交道呢？可是一味地诚实也不可取。打个比方，穆公方才请我的伙计落座，究竟是出于真心还是客套？若按真心就应当说：'你是伙计，没资格落座。'这不就伤了孩子的自尊？穆公说得就很得体，前一句夸奖是实话，后一句请坐就是客套。"

夏掌柜的话与英国人文主义者阿谢姆的观点不谋而合，阿谢姆说过："在适当的地方说适当的谎言，比伤害人的真话要好得多。"可见，在为人处世方面，很多行为不能一概而论，关键是一要看当时的境况，二要看引起的后果。为人的难度，关键就在于把握好这种尺度。

不过在一些大是大非的原则性问题上，我们就必须勇敢地说真话，不管要付出的代价有多大。

## 注意语言转换的妙处

"良言一句三冬暖，恶语伤人六月寒。"生活中的真实情况往往是这样的,不恰当的措辞,往往让人"六月寒",而委婉的良言却能够让人"三冬暖"。

一个老妇向邻居抱怨某药房对她服务态度不好,希望邻居将她的不满转告给药房老板。有一天,老妇去药房时,老板热情欢迎,并立即给她配好药方,还说如果她有什么需要,可以随时来找他。后来,那个老妇跟邻居说起此事:"你把我的不满转告给他,真管用!"

"哦,不是,我没有那样做。"邻居说,"我只是告诉他,你很佩服他的敬业精神,说你觉得他的药店是你光顾过的最好药房之一。"

可想而知,如果那个邻居直接转达老妇人的话,药房老板不仅不会改变自己的服务态度,而且会更加恶劣,甚至会对老妇人和邻居都产生怨恨。直接表达可能无法达到的目的,换种说法却轻而易举地做到了。

生活中需要此类的语言转换,没有恶意的,甚至是出于善意的。比如,有了不愉快的消息或不幸的消息,如挨了批评、丢了钱包、得了病,说些保护性的话,可以让对方放心、保持好的心态等。

在生活中,这种注意语言的方式比比皆是。比如,一位你不喜欢的人向你借钱时,你肯定不能说:"我不借。"而是说"正巧我手头也不方便"。这些防卫性的语言,能够化解一些你无法回避的尴尬。

再比如说,应酬中的客套话可以愉悦人们的心情。有一句西洋谚语:"一滴蜂蜜比一加仑胆汁能够招来更多的昆虫。"这

说明了甜言蜜语比毫不留情的批评更受欢迎。这种恭维人的语言,往往能够让听者的身心如沐春风,舒畅、惬意无比,从而对说话者产生好感。

客套话往往是感情生活中的润滑剂,它使恋爱、婚姻中的男女感情更融洽。有些甜言蜜语式的语言,男女双方明明知道是假话,但就是有人喜欢听,往往还因为这句甜言蜜语而坠入爱河,不能自拔。

在营销中,用智慧性的语言去成交客户更是公开的秘密。"这是最后一件了!""看你诚心想买,300元你拿去,这是跳楼价了!""这款车最适合你这种成功人士了,气派、有身份,听说李嘉诚就是开的这款车。"营销员就是这样用话术恭维顾客,让他们心花怒放掏钱埋单的。

教育学家通过研究表明,教师如果善用激励性的语言鼓励学生,学生则会树立信心,取得难以置信的进步。

注重语言的妙用,无处不在,涉及生活和工作中的方方面面。

很多人,借助语言的艺术扶摇直上,在商场上攻城略地、旗开得胜。他们在获取名利的过程中声名鹊起,在现实生活中八面玲珑、左右逢源、如鱼得水。

生活本身常常是平淡无奇的,天上掉馅饼的事很少,而灾难和厄运倒是常常不期而遇。人类天性全是向往美好的,喜欢富有刺激和带有浪漫色彩的生活。如果我们什么事情都口无遮拦,世界上有些事也许就会变得没意思了。

大多数人是讲究"面子"的,即使明知道双方都言不由衷,

大家都还是追求场面上的和气及尊重。评功摆好、赞扬连连，是人际交往中的润滑剂，虽然是客套话，却让彼此感到脸面有光、心情愉快，合作起来自然事半功倍。

　　通过以上的分析，谨言慎语与口无遮拦的较量，谁输谁赢，一目了然。

# 假若生活没有语言艺术

## 从如厕说开始

如厕有很多种说法，大部分登不了大雅之堂。如果这种粗俗的语言是商务谈判中一方说出来的，会给别人什么样的印象？如果是第一次约会中，一直矜持的姑娘说出来，小伙子会不会大失所望？如果是亲朋好友正在聚餐，有人一边擦嘴一边这么说，是不是会坏掉其他人的胃口？所以我们给"如厕"找出种种借口来化解这种尴尬。你可以对谈判对手说你的手被资料弄脏需要去卫生间洗洗，你可以对约会对象说你要到卫生间补个妆，也可以对尚未吃完饭的朋友说你要到附近逛一逛。尽管这都是谎言，你的目的就是尽快到卫生间去解决你的"三急"，这样换种说法，对方就不会感觉尴尬了。

如厕的问题只是小事，更多的时候我们不得不靠语言艺术来解决更多的尴尬。比如漫漫职场路，谁没有几次跳槽的经历，而那些辞职的原因也未必都如励志书般是积极向上的，如实说很可能给人事主管留下不好的印象。好在事有两面性，发挥语言的艺术性，顿时就可以将不利于我们的辞职理由变得冠冕堂皇。

有没有发展前途是人们选择工作的重要衡量标准之一，但要是干了一段时间后发现公司似乎没什么前景可言，或者老板任人唯亲对我没有公平的待遇，比我差的人都升职了，我辛辛苦苦干了几年还是原地踏步，大家往往都会考虑换个更有发展潜力的工作。可是如果实话实说，不了解情况的人事主管可能会不满意这种不愿与公司同甘共苦的忠诚度不高的行为，或者将不能升职的原因归咎于你，质疑你的工作能力或者人际关系。这时候换种说法，用白色谎言掩饰自己的真实想法，有理有节地表示自己在原公司上升空间有限，希望能得到更多的锻炼和发展，则人事主管眼中会把你看成积极进取的典型。

薪水太少也是常见的跳槽原因之一，可是没有哪个公司喜欢招聘一个只看重收入的员工，即使你能力突出，也可能被视为见钱眼开、唯利是图而被对方拉入黑名单。巧妙地转个弯，把对金钱的不满表达为希望在各方面有更好的发展，则容易被对方接受得多，而这里所指的"各方面"自然将收入、福利囊括其中。

而那些说起来连自己都觉得鸡毛蒜皮的委屈，什么老板不懂装懂啊，什么顶头上司欺上瞒下啊，什么同事不学无术啊，怎么好意思拿到台面上和人事主管解释呢，又怎么可能希望对方能理解自己呢？一个流行的词语——企业文化，就可以轻而易举地解决你现在困境，压下自己的满腔愤怒，礼貌地表示公司很人性化，但是自己更喜欢一个制度健全的公司，优秀的企业文化能有效地减少工作中的内耗，既避免了述说琐碎事情带来的不良影响，又悄悄将一顶高帽子戴在公司的头上，两全其美，为自己的跳槽又加了一分胜算。

生活中，这样的尴尬事还有不少，一味地开诚布公未必能收到良好的效果，沟通中无处不在的信息缺失使得我们很难

在一席话之间就明了对方的处境而给予理解，而所处的位置往往决定了大家为了各自的利益很难去体谅别人的难处，只会从自己的立场出发进行判断。有话直说，有时不但不能争取到对方的理解，反而会给对方留下不良印象，甚至结下梁子，为今后的道路留下隐患。所以面对两难的尴尬时，唯有用语言修饰一下自己的意见，让对方既听得懂也听得进，才可能以最小的成本、最快的时间去解决这个麻烦。

## 假若不重视语言艺术

常何抱着"证明语言艺术没那么重要，最好将之赶出生活"的想法来做了一个实验。他和妻子商量好第二天要进行一次24小时的实验，想什么说什么，有什么说什么。

第二天一起床就出了问题。闹钟忘了定，两人起得太晚，很可能会迟到。要是平时谁说一句"哎，是我不好，亲爱的原谅我吧""没关系，谁都有忘记的时候"也就大事化小了，可是今天常何决定有啥说啥，对着妻子没什么好脸色说："都怪你，明明昨晚叫你定好闹钟的，怎么忘了？这下害得我们两人都要迟到，又要被训又要扣钱。"

而妻子也顶撞回去："我不定，你不会自己定啊，什么都叫我做，我又不是你的保姆？"一下子，两人本来就因为可能迟到的心情变得更坏了。

来到公司，有同事随口调笑一下常何，说："你也有迟到的时候啊，是不是昨晚看世界杯入迷了？"要是平时，常何也就嘻嘻哈哈地承认了，还会与同事探讨一下世界杯，这也是增进同事之间感情的方式之一。

今天常何却偏要解释说是自己妻子忘记了定闹钟才迟到的,自己不是一个因为看球赛就忘记睡觉的人,自己也不是那么喜欢足球。啰啰唆唆,说得同事奇怪地看着他,常何也觉得自己很无聊,有必要这么认真吗?

一会儿老板叫常何去办公室,和他先说了说下午开会讨论的一个项目。这个项目风险一般,但是回报也不高,前期投入又大,按常何的意思是不要接的好。可是老板觉得这个项目不错,又是自己丈母娘家人介绍的,怎么也得接下。结果常何就说了一通反驳的话,不但分析了项目的回报,还说了几句老板不应该拿公司的事做自己的人情,公事私事是两回事,把老板气得脸色铁青。

好在老板度量大,挥挥手叫常何先走,自己再好好想想。常何沮丧地出了门,知道自己做老板红人的日子结束了。

中午吃饭,女同事递来喜糖,说要结婚了。常何很不待见这女同事,认为她尖酸刻薄、缺乏工作能力、只会讨好领导,还自以为了不得,天天指挥别人工作。自己真不想去参加她的婚礼。不去,随便说那天有事也就罢了,今天偏偏得不转弯。常何艰难地回答着女同事的问题:"我那天倒没什么事,就是不想去。"

气得女同事一扭身拿走喜糖,"不去就不去,你以为自己是谁呢?"

常何知道这个同事被自己彻底得罪了。

下午开会,老板把那个项目拿出来讨论,眼光有意无意地往常何身上瞟。常何心虚,可是躲不过去,老板指名道姓要问他的意见。为了保住饭碗,常何只好说了违心的话。

回到家，看见妻子买了一件高档新衣服，常何正想说家里不宽裕，你有那么多新衣服又何必再买，但是一想这样说必定又闹矛盾，反正自己今天的实验没有成功，何必在家里坚持。于是边换衣服，一边放大声音赞美正在厨房做饭的老婆。

　　晚上一交流，原来两人的经历大同小异，惹出了不少麻烦，最后不得不改。两人相对苦笑："生活，还真离不开语言艺术啊。"

　　语言艺术是柴米油盐酱醋茶之外的第八生活基本元素，缺少它你不会有生命的威胁，却会让你活得很艰难。语言艺术有很多功用：愉悦心情、激励斗志、帮助他人、化解尴尬、规避伤害、调剂感情、赢得依赖……这些都是无损于他人利益，而又能让自己如鱼得水的语言艺术。

# 愉悦心情的应酬式语言艺术

应酬式的语言艺术,说白了,就是恭维、奉承、戴高帽,专拣好听的说。每个人都需要赞美,就像万物需要阳光一样。很多的时候,听者即使明明知道是谎话,但他们却由衷地开心。可以毫不夸张地说,应酬式的话像一颗由"语言"和"赞美"字样合成的炮弹,弹头是赞美,弹身是语言,这颗炮弹在空中吼叫:"我百发百中!"

## 应酬式语言艺术:愉悦对方,方便自己

待人接物时诚挚的确重要,虚伪的友情终难长久,但应酬中的许多客套话却又是必要的。寻常的谦让是为了不失礼节,使对方感到受尊重,目的是为了让对方感到高兴。比如,前面说过的《闯关东》中穆公请夏掌柜的伙计入座,就是客套。再如,晚上,在朋友家里坐了很长时间,欲起身告辞,朋友心中尽管早已经不耐烦了,也会说:"没关系的,再坐一会儿吧。"或者朋友不小心打碎了你心爱的花瓶,你心中极不痛快,可口中还是说:"不要紧的。"

有些语言是应酬中必须说的奉承话,这些话里大多是水分、夸张,空话连篇。听着那些千篇一律的空话、套话,虽然心里不一定有多高兴,但人类缺少这些空话与谎话,应酬就无法

进行了。

王员外家添了个孙子,在满月酒的那天,来了许多贺喜的宾客,大家都看着孙子在有意无意地闲谈。

李秀才说:"令孙将来一定福寿双全、飞黄腾达、富贵荣华、光宗耀祖!"

罗秀才说:"人都是一样的,这孩子将来也会长大、变老、死去!"

李秀才受到热烈的欢迎,待为上宾,而罗秀才则受到客人的鄙视和主人的仇恨与冷待。

难道罗秀才说的不是实话吗?当然是实话,可是实话是难听的,影响了大家的兴致。相反,李秀才说的不过奉承话,一个人"福寿双全"是很难的,但就是这奉承话讨得了主人的欢心,因为主人正是这么期望的。

通过这些应酬式的语言艺术,可以愉悦对方的心情,可以让彼此的关系变得融洽。试想一下,如果营造了良好的氛围和关系,要办事不就是水到渠成了吗!

## 愉悦他人,就需要适当迎合别人

思想是行为的基础,志趣相投决定感情亲密的程度。然而,话不投机半句多,无论是恋爱还是交友,如果你表露出的思想和对方格格不入,惨遭滑铁卢将是你唯一的结局。如果要让对方开心,就得迎合对方,投其所好。迎合性语言是为了满足他人的期望,满足他人的心理需求,并从他人满意的表情里获得被接纳的安全感,语言成了一件纯粹的娱己娱人的事情。

推销员在许多人的心目中是讨厌鬼的代名词，那模式化的笑容，过分虚假的讨好和对产品的吹捧，让人只想第一时间关上房门，将这张惹人嫌的面孔拒之门外。所以说推销难做，大家都不太愿意从事这个"受气包"的职业。

可是就业压力日益增大，有的人不得不被逼从之，小白就是如此。他想，"既来之，则安之"，要做就做第一流的推销员。小白是这么想的，也是这么做的，他认认真真地准备介绍资料，风雨无阻地拜访写字楼的每一个公司，可是收效甚微，并且受了一大堆白眼。许多人还没等他说上几句话就把他往外推，连个介绍产品的机会都没有。

对此小白非常委屈，自己绝不是那种把伪劣商品吹得天花乱坠的人，公司的产品的确物美价廉，为什么别人连个机会都不给自己呢。不久之后公司进行员工培训，请来业内的知名推销员讲课，小白这才茅塞顿开。

推销员总是希望第一时间将产品介绍给顾客，引起他们的关注，使他们产生购买欲，这无可厚非。可是换个角度想，别人为什么要花时间和你交谈下去呢？你说的东西不是他们感兴趣的，他们何必和你纠缠下去呢？

要想推销产品，首先要和顾客建立起交流的渠道，找到你们沟通的关键点。有了话题，才会交谈，你才能得到继续说话的机会，才有可能向他介绍自己的产品。所以在和顾客说话的时候，别想着你要说什么，先看看顾客想要聊什么，迎合他的交谈欲望，哪怕这个沟通点并不是你感兴趣的，也要假装自己很感兴趣。没有人会故意拒绝交流自己感兴趣的事物，你的语言艺术会使你迅速打开局面，避免又一次吃闭门羹。

别以为这些闲谈是浪费时间，只有你说了第一句之后，才有说第二句、第三句的机会，才有可能把话题慢慢转移到产品上来。之前的交谈已经制造了良好的交谈氛围，出于礼貌，对方不会在相谈甚欢的情况下立刻翻脸让你走人，甚至因为惯性，才对你的产品介绍较为注意，你的成功率进一步提高。

如果你的话题能够让对方有相见恨晚的感觉，那么你完全可以借此走入他的生活，建立一定的私交。有了交情打底，在同类产品中，你就有了压倒竞争对手的优势了。

不仅做生意如此，生活和工作中相当多的地方都必须学会说迎合性的语言，只有这样做，你才能赢得美人心，获得美好的感情；赢得好的人缘，让顾客喜欢你，从而掏钱购买你的商品。

这种语言在生活中随处可见。如果有人说："你不认为这件衣服的尺寸对我来说很合适吗？"你就要回答："是哦，真的很合适。"团队生活中，人们都想和周围的人和睦相处。为此，某种程度上冠冕堂皇的客套话是必不可少的。如果不在某种程度上附和他人的话，人际关系是很难融洽的。

人们都有相互亲近的心理倾向，所以就会针对所谓的不同对象来探寻彼此的共同点，以求和对方保持良好的人际关系，即心理学上说的心理接近性。自己感到容易亲近的人，肯定是和自己性格相似并且十分友善的人。那么在对方还没有率先表示友善的时候，我们就要积极地协力共事，和对方保持一致的语调，并且向对方表露出彼此的一致性、相似性，向对方传递一种"咱们真是英雄所见略同"的意思。通过这种应酬式的语言，我们做事就能达到事半功倍之效。

## 应酬式语言的精髓：多做"喜鹊"

在应酬中,人们都喜欢听赞扬的话,听到这些话就像遇到"喜鹊唱枝头",令人高兴振奋,从而会对说话人产生好感。人们最讨厌听贬损的、恶意挑错的话,听到这些话就像碰上"乌鸦头上叫",使人扫兴,产生反感甚至憎恶。特别在与他人的日常交往中,你就更应该"多做喜鹊,莫做乌鸦"。这就是应酬式语言的精髓所在。

不论对方是什么样的大人物,其人性及心理都是相似的。你若多赞美, 多为对方考虑, 这样就可以拉近彼此之间的距离,最后赢得对方的心。赞美的形式有很多,"戴高帽"是其中比较厉害的一种。戴高帽的妙处在于,你将对方捧得高高的,让他处于一种骑虎难下的境地,从而不得不接受你的观点。

在日常生活的应酬中, 有一些赞美他人的技巧是非常简单、但又是非常实用的,例如,老百姓常用的"遇物加钱"与"逢人减岁",就是最简单和最实用的赞美方法。

"遇物加钱"这个方法很能讨对方欢心,而操作起来又很简单,你只要对对方购买的东西的价格高估就可以了。比如说,别人一件衣服是 100 元买的,你则可以告诉他,那件衣服至少值280 元。当然"价格高估"也要注意分寸,首先你要对商品的物价心里有底,其次是不能过于高估,否则收不到好的效果。

与"遇物加钱"对应的是"逢人减岁"的做法。只要是人,又有谁不希望自己永远年轻而不要过早地老去呢? 这种技巧的特征,在于把对方的年龄尽量往小处说,从而使对方觉得自己显得年轻、保养有方等,进而产生一种心理上的满足。比如说,

一位30多岁的女人,你说她看上去只有20多岁,一个50多岁的人,你说她看上去只有三四十岁,这种"美丽的错误",对方是不会认为你缺乏眼力而对你反感的。相反,她会对你产生好感,形成心理上的相容性。当然,我们要特别注意的是,"逢人减岁"这种技巧通常只适用于成年人,尤其是中老年人。假如面对的是幼儿或少年,我们用"逢人添岁"的技巧效果会较好些,因为他们往往有一种渴望长大的心理。

总之,不管何种形式的赞美,说白了就是投其所好。正如本书反复重复的话:"美言一句三冬暖,恶语伤人六月寒。"人们喜欢赞美多于批评,因此,要学会赞美着说,这样才会赢得别人的喜欢与尊重。

## 夸人要夸在点子上

有没有发现过人与人之间存在这样的认知错位?

你可能认为一个大龄女青年不好找对象的原因是个头儿太矮小,但对方却觉得自己肤色不够白腻才是真正的弱点;你觉得一个面临离婚的弃妇应该重点规划好自己今后的生活,考虑财产和孩子,却想不到她更希望知道第三者和自己谁的年纪大一点;你以为一个公司(即将破产者)如热锅上蚂蚁是因为事业大厦面临坍塌,而实际上他一脸沮丧是因为昨晚利物浦队输了个一败涂地。

人与人的想法实在是天差地别,所以,有时候你会奇怪,为什么你心思费尽,说好话说得嘴皮子都薄了一层,对方还是无动于衷呢?

庄子有云:"子非鱼,安知鱼之乐?"你不是别人,怎么知道别人真正的需求呢？只有真正站在对方的角度来思考问题，你才能真正了解对方的需求。每个人心里都有自己对自己的期许，如果你称赞到她对自己最看重的地方，那么她会欣然接受，并且视你为知己。如果你夸错了地，那么他很可能忽视这一次称赞，白白浪费了你的口舌。因此，夸人要夸到点子上。以下是找准赞美他人切入点的几个细节：

没有女生不喜欢别人称赞自己漂亮的，尤其是当着心上人的面。

当众称赞一对伴侣中一人对另一人好，有福气，可以同时讨好他们俩。

如果对方有过辉煌的过去，就一起缅怀光辉岁月；如果对方目前很成功，就称赞他并谦逊地向他讨教；如果实在找不出什么可称赞的时候，不妨和对方一起展望未来。

如果对方有业余爱好，称赞他具有专业水平。

称赞一个人的孩子也许比称赞他本人更有效。

如果他向你展示一样作品，无论他是如何谦虚，骨子里都是希望得到你的赞美。

对方身边的小物件可能是他的最爱，反射着他对自己的期许，开口赞美准没错。

# 激励斗志式的语言艺术

　　古人云:"水不激不跃,人不激不奋。"为了激励别人,语言艺术往往是必要的。普希金说,假如生活欺骗了你,以欺骗对欺骗就是抗争的良方。事实证明,激励性的语言艺术,可以激励别人的斗志,从而取得意想不到的成绩。

　　为了鼓舞、激励别人,我们需要用放大镜去看别人的优点,通过不断强调和夸张手法去激励对方。何况有时候,现实让人感到绝望,诚实对待自己和生活只能让人一蹶不振。唯一能激起斗志的只有用语言艺术为你描绘的天堂,那么请沿梯而上。

## 语言激励的力量不容小觑

　　语言有时候是一种动力、一种信念、一种力量,在特殊的状态下,它产生的力量是不容小觑的。

　　对孩子而言,一句激励性的语言能够影响他的一生,激励他成为他想成为的人。一位语文老师对我说过,他以前对语言的激励作用有过怀疑,但一件事却让他消除了怀疑态度。他有位学生喜欢写作,经常拿自己写的文章给他看。当他看到学生的文章时,说实话,他真不敢恭维其写作的水平,词汇量小,语言枯涩,主题也没有什么新意,几乎没有一点可取之处,但是为了不打击学生的积极性，他说："写得真不错，语言平实无华,颇有些沈从文的味道,希望你能成为第二个沈从文！"

谁知就是这句话，坚定了学生写作的信念，最终这个学生成了国内少有的畅销小说作家之一。而这位成了畅销作家的学生，一直念念不忘老师的教导之情，一直与老师保持着来往。他说,正是老师这句话,改变了他的一生,使他坚定地在文字这条路上一路走来。不过,这位作家不知道的是,老师当初说的这句话,仅只是一句为了激励他而说的话。

在古代战争中,一句话,往往可以鼓舞军队士气,取得战争的胜利。你只要稍加留意,在古代开战之前,特别是决定生死存亡的大仗之前,都会有占卜的形式。而聪明的将领会懂得要手段,让占卜结果只显示好的一面,比如说,硬币的两面,阳面为胜,阴面为负,于是他事先做了手脚,将所有钱币两面都刻成阳面图案。通过这种形式,至少在士气上,他就赢了敌人一筹。

激励斗志式的语言,在生活中随处可见。有时候不经意的一句激励性的话,都能够让对方产生力量,让别人感激不尽。一位推销员为了安慰事业不顺的客户,给他描绘了未来的美好前景,说不顺只是暂时的。没想到就这一句话,却让那位顾客深受感动,把推销员当作推心置腹的朋友,而且事业上真正做到了推销员当初所描绘的那样。

激励有他人的激励,也有自我的激励,通常情况下,自我激励的作用更大。有位年轻人,立志干一番事业,当事业遭到不顺时,他就把自己想象成大人物,设想自己如果是比尔·盖茨,将会如何应对困难,假如自己是某某伟人,会如何应对挫

折。这样久而久之，养成了大人物的思维方式和做事的习惯，最后竟然干成了一番令自己都没有想到的大事业。

## 借助他人迷信的心理

有人迷信，如果要对他实施激励性的语言，就必须投其所好，利用他迷信的心理，让他获得"重生"的力量。

有些迷信的人，向来对鬼神之说有些敬畏，由于在传说中鬼神之力远远大于人力，不少鬼神更有通晓未来的能力，所以迷信的人对那些有关鬼神的指示非常重视，认为这就是命中注定不可更改的东西。一旦出现这种指示，往往会无条件地服从，以此来指导自己的生活。利用这一点，中华历史上下五千年充满了陈胜、吴广"鱼腹藏书"，刘邦是其母与真龙交媾所生，武则天"弥勒转世"之类的把戏。

到了现代社会，科学进步了，迷信的人几乎没有了。但是一个人若在现实社会碰了壁，受了挫折，感觉到自己对现状的无能为力，那么，很容易就会将改变现状的期望寄托在一些超现实的力量上面。因此，有的时候想要激励一个人，亲朋好友说得口干舌燥，远不如一个假托神明的语言。

张雪创业失败，不但欠下一屁股债，合伙的好朋友更是卷走了最后的资金，从人间蒸发了。遭受事业和友情双重打击的张雪天天闷在家里，整晚整晚地坐阳台上抽烟，让妻子担心不已。

这天一位朋友来看张雪，一见面就说："你印堂发黑，最近招惹小人，是不是破财了？"一句话勾起了张雪的兴趣，询问之下，才知道这位朋友最近认识了一名道士，据说很有点道行，算命看相是强项，朋友跟着他也学了一点这方面的知识。

张雪妻子听了插嘴说，能不能叫那位高人帮张雪算一算，看看什么时候能度过这个坎儿，朋友沉思了一下，说可以带张雪去，但是有没有这个缘分让高人给算算就要看运气了。

第二天一早，三人前往高人所住的道观。在门外站了三个多小时，高人才算被他们的诚意感动了，为张雪算上了一卦。想不到张雪竟然注定一辈子大富大贵，尤其是中年之后富贵双全，是第一流的人物。不过年轻的时候锋芒太露，容易招惹小人，引来破财。

高人又说，张雪既然已经被小人害过一次，已经韬光养晦数月，那么这个劫已经化解。只待春暖花开，就可以筹备再战江湖，自然会一帆风顺。

一席话说得张雪斗志昂扬，之前的沮丧一扫而光，回家后就投身于工作当中，果然事事顺利，仅一年就赚回了当初的损失。

这是命中注定张雪渡劫之后要发财吗？那倒不是。所谓的高人算命指点，不过是张雪妻子、朋友们联合起来布的一个局罢了。不过这样迂回地借助神明之口说出，对某些人的激励效果可比"我相信你能"、"一次失败算不了什么，失败是成功之母"之类的话有效多了。

## 打骂也是一种激励

有一句戏言叫作"人之初，性本贱。"为什么说"贱"呢？因为很多的人一遭遇不幸就会自暴自弃，旁人千言万语地劝慰都不当回事，自顾自地苦闷着。只有等有人前来大骂一通，甚

至啪啪抽他两个耳光，才会幡然悔悟，然后振作精神又是一名男子汉了。

据心理学家说，人的遭遇痛苦超过承受能力后，会变得喜欢沉浸在自己的精神世界中，怕面对真实生活，因为那代表着他的过去、他的失败、他的伤痛。旁边的人越是劝慰，越容易使他有着待在自己精神世界的安全感，生怕一旦走出世界就会失去这些关爱，不能以此为屏障抵御现实生活的压力。只有当他们面临再一次失去的恐惧，才会丢掉那种小孩子的任性和自私。

另一种说法则是当人遭遇巨大的打击，整个人会呈现一种麻木的状态，以麻木的精神来逃避痛苦的现实。这时候人对外界的反应比较迟钝，和风细雨是达不到他内心深处的，只有疾风骤雨式地对待，才可能对他有所影响。

无论上面哪种说法正确，都指出了一个事实：有时候激励不一定就得采取正面的常规手法，若采用一些非常手段可能会有更好的效果。

齐德和前文中的张雪一样，也是和朋友一起创业，结果朋友卷走了一切，留给他一个烂摊子。对人生的失望使齐德终日游荡于醉乡，不肯回公司主持大局。要是有人劝说，齐德就摆出一副看破红尘的样子，哼哼哈哈地说些"朋友，我算是看透了"、"你来找我干什么，我已经没有钱，没有利用价值了"、"我已经很惨了，能不能让我安静地待着"之类的话。

很多人以为齐德也就这样自暴自弃了，不过他的表弟却骂醒了他。那天，表弟来看望齐德一家，看见齐德父母又在劝齐德振作，而齐德一副要死不活的样子，表弟冲上去就是一顿大骂：

"你以为你很惨是不是,你以为自己很高尚,所以被骗是不是?你看看表叔表婶,这么大年纪了还要为你操心,你还以为你是好人,还在幻想你是个被人欺骗的救世主?你就是个懦夫,不敢面对现实,成天躲起来自我安慰,把压力全部转嫁到年迈的父母头上。我看不起你!亏我一直很崇拜你,现在我告诉你,你不配,我没有你这样的表哥,你担不起哥哥这个称呼。"

想不到齐德就因这番骂而开始改变自己,开始审视自己的问题,开始着手整顿一盘散沙、人心惶惶的公司,日子久了终于有了起色。

你觉不觉得齐德表弟的一番话透着假呢?的确,因为他虽然着急,虽然生气,但是生活不是演戏,哪有当真冲上前去长篇大论演出"狗血"剧情的。一切只不过是表弟灵机一动,想用过激的语言来刺激一下表哥而已,想不到竟然真的成功了。

## 响鼓不用重锤

比起西方人"良好的出身铸造优秀的人才"的观念,中国人更相信逆境成才,所以,常把"宝剑锋从磨砺出,梅花香自苦寒来"当作励志名言。类似的言论还有很多,比如"自古英雄出贫贱,从来纨绔少伟男"、"黄金棍下出好人"、"玉不琢,不成器",说来说去就是一个道理:给人的环境不能太宽松,一旦放松要求,很可能就成不了才了。

于是我们在很多家庭都可以看见这样的情景:父母们对孩子谆谆教诲,这个要学好,那个要记牢,告诫孩子"少壮不努力,老大徒伤悲"。如果孩子贪玩学业不佳,那么自然要惩罚。可就算是孩子懂事努力,为了避免养成骄傲的习惯,为人父母

者也舍不得说几句赞美的话。

殊不知孩子的心灵相当敏感，尤其在成长过程中遭遇许多困惑的事情，都有一个从迷茫到了解的认识过程。而迷茫时期，尤其需要最亲近的人——父母对自己的肯定。父母的表扬比任何其他东西都来得珍贵，更有激励的效果。

但是，父母偏偏认为"快马加鞭"，"响鼓更要用重锤"，"高标准严要求"，"做好了没表扬，做错了就批评"，那么孩子的压力会很大，甚至产生父母是不是不爱自己、自己是不是一无是处的怀疑，不利于心理的健康成长。

其实，对于小孩子也好，对于成年人也好，最有效的激励依然是正面肯定。当你将期望赋予一个人，这个人必将因此感到自己肩头的责任，沉甸甸的压得他觉得必将做好这件事情；当你夸奖别人，美妙的褒义词让对方感到愉悦的同时，也会让他暗下决心做到你所描绘的那个角色。

即使你并不觉得对方有优点、有前途，适当的语言依旧可以达成上述的效果。就像男生常常调侃的那样，美女你就夸她漂亮，不漂亮就夸她有气质，没气质就说她可爱，连可爱都说不上，那么就夸她特别好了。尽管这些赞美不是真心实意，又有什么关系呢？至少它会带给不少女性一份好心情，甚至使得不少平凡的女生找到自信，开始打扮、减肥、化妆、内外兼修。如果有一天她真的旧貌换新颜，那么当初你的赞美和鼓励就功不可没了。

# 帮助他人的语言艺术

　　俗话说："一个篱笆三个桩，一个好汉三人帮。"一个想要成就一番大业的人，绝不能离群索居、单打独斗，必须打造自己的人际关系，借助他人成就自己的事业。"投之以桃"，才能"报之以李"，你只有真正去关心、帮助别人，别人才能视你为朋友，关键时候助你一臂之力。这就是所谓的助人如助己。

　　帮助他人的语言，无疑是善意语言的一种。其出发点是为了真心帮助他人，不管什么形式，都是次要的，哪怕是说谎，都会让你的朋友铭记一生。

## 最大的帮助是建立对方的信心

　　人在紧急关头可以爆发出相当大的潜力，一个弱不禁风的少妇可以抬起卡车救出压在车底下的孩子，一个文质彬彬的绅士也可以仅靠露水和咸鱼干渡过茫茫大海。但是人往往不够自信，不相信自己能创造奇迹。心理素质差的人甚至会低估自己的力量，不敢去做应该做的事情。并不是他们做不到，而是他们根本不敢去尝试。这时候他们需要的，就是建立信心。

　　古龙小说《七种武器之孔雀翎》中，主人公不敢对抗寻仇而来的杀手，甚至因为没有胜利的信心而根本不敢和对方亮

剑,只会一路躲避。他的朋友了解他的实力,知道他缺乏的仅仅是去尝试的勇气, 于是慷慨借出了自己的传家宝孔雀翎—— 一种有着神话般传说的暗器,只要使用它,便可以攻无不克,战无不胜。但是他也告诫朋友,这个暗器只是给他防身救命之用,不到最后关头不要轻易使用这一传家宝。

有了孔雀翎这样神奇的暗器作为自己的底牌,主人公信心大增,轻而易举地发挥出了应有的实力,战胜了宿敌。等到归还暗器的时候,他才知道真正的孔雀翎早已丢失,朋友借给他的不过是一个假的,目的是为了增强他必胜的信心罢了。

同样的情节在文学作品中反复上演。美国著名童话《我的恐龙》,讲述的就是一个孩子为了保护自己圈养的恐龙不被杀掉,到电视台演讲寻求大众的支持。可是他因为担心自己在电视上发挥不好影响效果,朋友就把写好的演讲词放在他衣服口袋里,让他有信心上台,结果他上台后才发现演讲词只是一张写着"相信你,你能行"的白纸。最初的勇气使他走上了讲台,也有了使他演讲下去的勇气,演讲取得了良好的效果。

有时候我们缺乏的不是实力,缺的只是尝试的勇气,然而,一个告诉我们必胜的语言,能够凭空增添信心,创造出奇迹。

## 好人缘的秘诀:说出对方想听的话

深夜电话又响起了,钱晶又一次充当了"知心大姐心理热线"主持人的角色。

这次打电话来的是闺中密友露露。露露最近犯桃花,在两个青年才俊中间摇摆不定,一个是她爱的,另外一个是爱她的,这让多情的露露难以取舍。晚上露露辗转反侧难以入眠,干脆一个电话找钱晶聊天吧。

整个过程中,钱晶的语言几乎都是拟声词:嗯,啊,哦,哎,顶多附和一下,说几个"是啊,我也这么觉得"的短语。最后露露问她自己到底该选哪个时,钱晶回答是她爱的那个。露露长叹一声说"你真了解我,"便挂掉了电话。

钱晶当真觉得露露应该选她爱的那个吗?那倒不是。说实在的,钱晶觉得露露年纪也不算小了,找个爱自己又有能力好好待她的人才是正经的,何苦总陷进一段看不到结果的暧昧中,白白糟蹋大好时光呢。

可是她也知道,露露打电话来不是为了听自己的长篇大论,仅仅是想找人倾诉并听人附和一下她的选择而已。如果钱晶当真语重心长地劝告一番,露露肯定立马挂电话,下次也不会找她了。

有时候,朋友间的客套是必需的。钱晶深明此理,所以当和朋友逛街,对方看上一个俗气而昂贵的手提包并征询她意见的时候,她会赞同对方的选择。

当有同事穿着暴露身材缺陷的连衣裙来上班的时候,钱晶会称赞对方的身材,顺便打听一下对方在哪家健身房锻炼,怎么减肥效果这么好。

当嫁入豪门的女生哀叹自己做全职太太好无聊,简直与社会脱节的时候,钱晶会用羡慕的口气说自己上班忙得要死还没什么钱,哪有她那么幸福,嫁了个好老公。

每个人都喜欢和钱晶来往,因为钱晶总能说出他们想听的话。尽管钱晶认为那个手提包俗不可耐,尽管她觉得同事腿

31

短腰粗根本不适合那个款式的裙子，尽管她很为自己的工作自豪，觉得手心向上要钱要物的女子很可怜，可是她依然会说出别人想听的话。

大多数人征询你意见的时候，想听的并不是你的意见，只想得到你的赞美和肯定。如果他足够自信，那么你的不同意见会引起他的不满，甚至认为你对他嫉妒，从此视你为异类。如果他不够自信，那么你一针见血的意见会刺中他的软肋，让他恼羞成怒或者伤心地避开。所以，面对询问，我总是先猜测他们本身的想法，顺着他们的思路去说，自然皆大欢喜。也许有人认为这是虚伪，但我以为，这仅是一种处世的技巧。

## 高手点拨

### 说对方想要你说的

没有多少人能真正听进去不同的意见，他们总是为自己的想法辩护，不惜给别人扣上嫉妒、恶意、愚蠢的帽子。如果你说出你的真实想法，你只会让人群远离你。说出自己的意见前，先看一看、想一想，别人到底需要的是你的想法，还是你的赞美和支持。

## 为别人推开清风明月的那扇窗

一位青年年少轻狂，不慎犯罪入狱，于是开始自暴自弃。这时候有个姑娘写来情书，表达了自己的爱意，说自己愿意等他出狱。收到这封信，青年如同看到了希望的阳光，发现生活还没有真正一片漆黑，重新燃起了生活的信心。

之后他们鸿雁传书，直到 99 封信后，青年因为表现良好提前释放了。可是等待他的并不是那位神秘的姑娘，而是他那白发苍苍的老父。原来青年的父亲担心他从此一蹶不振，杜撰出这样一位暗恋他的姑娘，希望重新鼓舞他的信心。

人生总是充满挫折，难免会有一时承受不了打击而钻牛角尖的时候。如果没有一点希望，很多人可能会就此沉沦。上帝关上了门，总会留给门内的人一扇窗。哪怕这扇窗户中的明月只能看，不可触摸，至少也会在漫漫长夜度过之前，给予希望的力量。说谎，就是为了不要让负重的骆驼背上再加上"最后一根稻草"。

有个男孩向一位女孩求爱，但是被拒绝了，于是他郁郁寡欢，消极怠工，成天用吃喝玩乐来麻醉自己，做出一副玩世不恭的样子来维护自己的自尊心。

女孩知道了这件事后找到男孩说："我其实很喜欢你，但是我不愿意嫁给一个不学无术只知道吃喝玩乐、事业上没有一点成就的男人。如果你真的喜欢我，那么就好好干个样子出来。等你事业有成的那一天，我就嫁给你。"

女孩的许诺激励了男孩，从此他像变了一个人一样，工作非常努力，再也没有挥霍时间的举动。几年后，女孩嫁给了别人，男孩有了成功的事业。虽然没有赢得美人归，是他一生的遗憾，但是男孩始终感谢当初女孩一个美丽的谎言帮助自己走过了最艰难的日子，使得自己有了前进的动力。

没有钥匙，关上的房门谁都无法打开。我们能为别人做的，就是推开那扇清风明月的窗户，让他们不再只盯着紧锁的房门，忽略了另一种美好的可能。

# 给予真正的帮助

空泛的激励语言总是缺乏说服力，当对方看到的依旧是残酷的现实的时候，单纯的说教并不会带来丝毫振作的力量。用语言艺术掩盖真实的缺憾，描绘出快乐的景象、美好的前景，才能从根本上改变对方的沮丧，激起他的信心。这才是真正的帮助。

## 给予帮助，面子问题要顾忌

有对夫妇用毕生精心经营着一个农场，在经济大萧条的那段岁月里，有许多人漂泊来到这个远离城市的农场。

第一个来客是个衣衫褴褛但举止文雅的人，他向男主人行了礼，然后解释说自己已经两三天没有进食了，希望能找点活儿干。男主人打量了他一下，回答道："后院围墙边有一堆木柴，我想请人把它们搬到院子的另一边。你在午餐前会有足够的时间搬完它们的。"说着，他紧握了一下那个男子的手。

那人眼睛霍地一亮，然后就匆忙跑到后院开始工作。女主人则在餐桌前添了一张凳子，又特意烤了一张苹果饼。当他离开时，他的腰板直了许多。

"没有什么比失去自尊对一个人的打击更大了。"男主人说。

不久，另一个身穿套装的人也来到农场请男主人给点食物吃，男主人同那人握了握手道："我后院墙边有一堆木柴，希望你能帮我把它们搬到院子的另一边,然后我们全家将高兴地与你共进午餐。"

那人立即脱下套装,投入工作……

这对夫妇都不记得那时曾有多少陌生人去过他们的农场,并且与他们一同用餐,更不记得后院中的那堆木柴被搬来搬去多少次,但他们都知道,在那段日子里,那堆干柴可以点燃人们的心灵之火。

古语有云:"怜者不受嗟来之食。"农场主深谙这一点,为了维护被他帮助的人,他让他们搬木柴,实际上,那堆木柴是没有必要搬动的。目的就是为了让对方感觉自己付出了劳动,不是靠施舍来获得吃饭的机会,这样就维护了他们的自尊。为人处世能够做到如此圆融的人,可谓是高境界之人。

不管是任何形式的帮助,这都是难能可贵的美德。但需要注意维护被帮助者的面子,因为面子是很多人特别看重的,这样才不至于好心却办了坏事。

面子包括很多方面,其中,最被看重的无疑是一个人的自尊。心理学认为:自尊是一种精神需要,是人格的内核;维护自尊是人的本能和天性;被人尊重的欲望是人类天性最深刻的冲动。这就要求每个人在跟别人沟通时,特别是给予他人帮助时,要懂得维护其尊严。

# 巧妙圆场式的语言艺术

人生难免遭遇尴尬,可能是你失言,也可能是他说漏嘴;也可能是你做错事,也可能是他说错话;甚至因为机缘巧合,好事也变成了坏事。可是说出去的话,如同覆水难收,如何弥补呢? 答案是用语言艺术圆场,规避或者解除尴尬。

当然,要想成功地打圆场,必须针对实际情况,用不同的语言灵活对待。或用幽默的话语转移话题,制造轻松气氛;或指出和强调尴尬事件有其合理性;也可以善意曲解对方话里的意思,而做出双方都能接受的解释;还可以肯定双方看法的合理性,找到双方都能接受的解决方法。

---

## "睁眼说瞎话",轻松化解尴尬

每个人都有不想让别人知道的隐私,如果你贸然跑去撞破了,彼此都会尴尬。想要解除尴尬,最好的方式就是假装自己根本没发现,没注意到这是对方的隐私,才能让对方安下心来,化尴尬于无形。要达到这个效果,就只能睁眼说瞎话,把看到的事实,用语言掩盖过去,这样就能打消对方的顾虑,尴尬也就迎刃而解。最经典的事例就是那个关于酒店服务员的招聘问题：

　　面试官问三个男性应聘者同一个问题："你正要去打扫房间，打开房门的时候发现一位女士正在换衣服，你怎么办？"

　　第一个人回答说："我会说对不起，我什么都没看到。"

　　第二个人回答说："我会说对不起，小姐。"

　　第三个人回答说："我会说对不起，先生。"

　　最后第三个人被录用了。

　　面对尴尬，如果刻意地去道歉、去解释，那么只会越描越黑，让对方越来越恼怒或者羞愧。只有假装若无其事，用轻描淡写的语言去虚构一个事实，才能给对方最安心的感觉——自己的隐私根本就没有泄露嘛。

## 失言时刻，用白色谎言巧妙转折

　　每个人都有失言的时候，可能不小心就说出了不该说的话，伤了别人的自尊心。这时候你需要的是用一些语言来挽回局面。为了使失言能够及时得以补救，创造良好的人际关系和心境，最要紧的是掌握必要的补救方法。比如，你本来好心好意收拾了家里穿不上的衣服，送给经济条件不好的亲戚，本来是皆大欢喜的一件事情，可是你不小心说出了事实："这些衣服我都不喜欢，放在柜子里也是占地方。"那可就是直接不给人家面子——我不喜欢的不要的衣服就给你，你就是捡垃圾的角色。

　　既然察觉到自己失言，那么你有两种选择：

　　一种是将对方捧得高高的接着说："眼看就放不下了，我都愁死了，这么好的东西。幸好你肯帮忙拿去，真是谢谢了。"

倒转施恩与受惠的双方,给对方一个心理平衡。

另一种就是将自己压得低低的接着说:"其实也说不上不喜欢,就是我身材差,穿衣服不好看。不像你人高,穿什么样的衣服都显精神。"如此一说,也就掩饰了真相,反倒将对方夸了一下,对方的自尊心也就得到了满足。

## 借题发挥,弥补失言

人在江湖,身不由己。我们都明白有时候不得不说的苦衷,可是没有人是全知全能的上帝,并不能每时每刻都保持敏锐的状态去观察对方是不是在说谎,很可能在大脑尚未反应过来的时候就揭穿了对方的谎言:"啊,我怎么不知道啊"、"不是吧,还会有这种事情发生"、"我怎么听说不是这样的呢",场面一下子陷入尴尬之中。

话出口你才反应过来自己不该揭穿对方的苦心谎言,怎么办呢?你能做的就是"颠倒黑白",将自己塑造成说谎的一方。例如,聚会上,有人问起朋友为什么上周不去参加他们的派对,朋友解释说自己在公司加班。你埋首于蛋糕之中没有听到前因后果,只听到"加班"两个字,模糊不清地接了一句话:"你上周末不是约了和我一起逛街吗?"

场面尴尬了,大家都明白了朋友只是不想去参加那个派对,宁可和你一起逛街,友情的高下立见,派对主人和朋友都觉得脸一阵红一阵白。这时候你终于从蛋糕中清醒过来,若无其事地说:"原来是加班啊,难怪一早打个电话来说节目取消,害得我一个人逛街好无聊,要请我吃饭哦。"

这下大家才知道你也是朋友加班的受害者,朋友并没有将人分成三六九等来安排时间，仅仅是因为工作推掉了所有的约会。你说得越无奈、越气愤，大家越相信这是真的，派对主人和朋友的面子也就得到保全。

通常情况下，错话一旦出口，在简单的致歉之后，就要立即用语言转移话题，有意借着错处加以发挥，以幽默风趣、机智灵活的话语改变场上的气氛，使听者随之进入新的情境中去。

## 巧借语言艺术，给对方一个台阶下

有些人之所以在交际活动中陷入窘境，常常是因为他们在特定的场合做出了不合时宜或不合情理的事情，于是就造成了局面的难堪。在这种情形下，最行之有效的打圆场的方法，莫过于用合适的语言转换角度或借口，以合情合理的解释来证明对方有悖常理的举动在此情此景中是正当的、无可厚非的和合理的，这样一来，对方的尴尬解除了，正常的人际关系也能得以继续。

林可约了客户下午四点开会，这是他第一次代表公司和客户谈判，心里颇有些激动，于是两点多就赶了过去。可是正等电梯，发现电梯门打开走出了客户和竞争对手公司的业务代表，三人都互相认识，客户感到有些尴尬。

林可知道自己可以随口说出客户也在和自己联系的事实，给竞争对手增添一份压力。可是那样的话会得罪客户，自己的生意也就不好做了。林可于是向着两人点点头，白色谎言就开始了："老张、王总，这么巧啊。我要去 17 层办点事情，有空儿咱们再聊。"然后大步走进电梯，按下了 17 层的按钮。

17层自然没有人在等他,可是这么一做,客户就避免了被揭穿同时和两家谈生意的尴尬,心里领了林可一份情,这对于生意帮助可是不小的。

　　乐意用圆场式的语言给人台阶下,不单单是个技术问题,还表现了一个人容人的大度。如果见别人落入尴尬便幸灾乐祸,就不可能成为一个圆场高手。当然,没有圆场的机智,也会让人力不从心。由此正印证前面所说的话:"语言艺术更多的时候是智慧的彰显。"

## 幽他一默,摆脱困境

　　出于虚荣或者其他原因,有时候我们会故意吹嘘某些事情来达到自己的目的。不过一个不小心,牛皮就有被吹爆的可能,在众人面前下不来台。

　　赵龙因为工作业绩突出被评为明星职员,年底被公司送去"新马泰"游玩了一圈。这么有面子的事情,赵龙心里自然是得意的,免不了在同学聚会的时候拿出来吹嘘吹嘘。

　　大家羡慕的眼光和女同学口中的惊呼成了赵龙情绪的催化剂,于是为"新马泰"之行添了不少虚构的东西,以期变得更加精彩引人。可是就在赵龙吹嘘自己住了五星级饭店如何如何的时候,有人指出赵龙住的那个地区最好的饭店只有四星级,大家疑惑的眼光一下射向了赵龙。

　　赵龙不慌不忙,摆摆手:"你不知道,是才修的,泰国公主的私人会所。"然后他接着讲了自己入住之后遇上一位美貌高贵的女士,两人暧昧地挽臂同游,自己在离开的时候看见酒店的海报才知道自己这几天的女伴竟然是公主。

这下谁都听出来赵龙是在编故事了。赵龙哈哈一笑说："当然是编故事,不然光说逛景点、买纪念品有什么意思!"

一个明显夸张的更大的大话盖住了之前的小谎,吹破牛皮变成了给聚会添色的故事,大家还觉得赵龙根本不虚荣,而是个幽默的家伙呢。

## 将错就错,点石成金

刘英是个漂亮姑娘,身边从来就不乏追求者,所以,难免有些心花怒放。最近她觉得同事张强在暗恋自己,对自己特别好,心里寻思着怎么拒绝他而又不至于伤了对方。可是当她约了张强出来吃晚餐说个清楚的时候,张强却瞪大眼睛问:"你什么意思?什么,你一直把我当朋友?你是不是以为我喜欢你?绝对没有的事!"

刘英差点闹了个大红脸,暗自责怪自己实在是自我感觉良好,将同事之间的关心误认为是爱慕。但是,要就这么承认了,那不是很没面子?于是刘英用更认真更深情的表情望着张强说:"正因为我觉得你是个好朋友,所以希望这份友情一直可以持续下去,不要因为任何事情而发生改变。对我们的关系我从来没有特别的想法,因为我觉得这样会伤害我们的友情,不知道你是不是也这样想?"

不顾张强说话,刘英又自顾自地念了一大段对白,然后问张强效果怎么样,是不是很真挚不会伤人,因为自己不久要拒绝一个性格和张强差不多的人,所以一时兴起想实验一下。于是两人的话题一下子转到这话的效果上去,张强热心地分析着,根本没想到最开始刘英想要拒绝的那个人是自己。

人难免有做错事、说错话的时候，"将错就错"不失为一个好办法。这种方法就是在错话出口之后，能巧妙地将错话续接下去，最后达到被动变主动，将错话变成妙语的效果，起到"点石成金"之妙。其高妙之处在于，用语言艺术不动声色地改变说话的情境，使听者不由自主地转移原先的思路，不自觉地顺着自己的思维而思维，随着自己的话语而调动情感。

## 审时度势，让各方都满意

郭丽宏参加一次老同学聚会，大家见面分外亲热，聊得十分高兴。这时，一位男士对一位女士信口开河地说："你当初可是主动追求我的，现在还想我吗？"

按理说，在老同学重逢的气氛中，这些话虽然有些不妥，但也无伤大雅。但这位女士由于某种原因心情不好，竟然脸色一变，气呼呼地说："你神经病，谁会追求你这种癞蛤蟆想吃天鹅肉的人。"她的声音很大，在场的人惊讶地看着她，都觉得很尴尬，场面一下子冷了下来。

这时，郭丽宏站了起来，笑着说："我们小妹的脾气还没变啊，她喜欢谁，就说谁是神经病，说得越厉害越让人受不了，就表明她越喜欢。小妹我说得对吧？"

郭丽宏一番圆场的语言，让大家都想起了大学时的美好生活，不由得七嘴八舌，互相开起玩笑来，一场风波也就平息了。

能否圆场，实际上考验的就是一个人审时度势、随机应变的能力。事情都有两面性，这就是中国语言的魅力，好与坏是

可以相互转化的,这就为应变提供了理论依据。

做到审时度势,准确把握双方的心理,才能运用说话技巧,借助恰到好处的语言及时出面打圆场,化解尴尬,维护交际活动的正常进行。

# 规避伤害式的语言艺术

　　不好听的话重复一遍,是诚实,也是再一次地伤害,进一步加深了矛盾。报喜不报忧,说好不说坏,是谎言,却避免了伤人话语的再次发威。如前面所言,很多的时候,实话实说,是需要付出代价的。

　　这个代价中,最常见的就是对自己和别人造成的伤害。这种伤害有心理上的,也有物质上的,它体现在很多的方面,几乎涉及生活和工作的任何方面。程度也有不同,有的只是造成别人心理上的不快,有的则是造成经济上的小损失,有的则是造成心理上的阴影,有的却可以威胁生命。所以,有的时候,注意语言艺术可以规避伤害。

## 谎言是把保护伞,为我们抵挡风雨

　　在《皇帝的新衣》故事中,只有一个小孩喊出了皇帝其实没有穿衣服的真相,所有的成年人集体沉默着,用沉默述说着谎言。小孩子可以毫无顾忌地喊出真相,为什么成年人不可以呢?也许他们也看见了真相,却有着更多的考虑:说出真相,皇帝是不是会恼羞成怒,因此迁怒于说出真相的自己?会不会为了维护权威和尊严而将说真话的自己当作替罪羊推入牢狱？会不会……太多严重的后果，使得他们只能对着裸体的皇帝一言不发。这不是为了虚荣，仿佛证明自己也看得见那华丽的新衣，而是仅仅为了保护自己，避免将自己推入险境。

　　白色谎言，就这样保护着我们，让我们避开前进道路上的一个个陷阱。当你没有足够能力去揭穿事实的时候，语言艺术是你明哲保身的最好选择。比如，发现有人入室盗窃，不妨故意喊几声"老公，还在厕所没出来啊，臭死了"之类的话，暗示家里还有个大男人来吓走小偷。

　　和坏人硬碰硬，我们往往处于弱势地位。"做贼心虚""老板贪财"，这就是他们的弱点，也是险境的突破口。针对对方的弱点说话，你的语言被相信的可能性就越大，你脱离险境的速度就越快。

　　语言艺术，就像保护伞一样，有形、无形地，保护着我们。这份生存智慧让我们能够好好地活下去，免去生活中的种种烦恼和伤害。你若留意观察周围的事物，就会发现一些为了规避伤害的语言的存在。

　　当病人询问医生，自己是否患了不治之症的时候，"是的"一词一出口无疑是一把杀人的利剑；当某人死于横祸，衰弱的老母问及儿子的时候，立即告诉老人真情必会导致不良后果；当小孩面对很多负面的事情的时候，如果父母告诉他们真相，孩子心理上就会留下影响一生的阴影……

　　最明显又常见的规避伤害式的语言，在医生和病人家属身上最容易出现。医生会经常安慰病人说："你的病会好起来的，请放心好了。"其实，医生非常担心病人的健康状况的不断

恶化。医生的这种安慰，其实就是一种心理欺骗疗法。

朋友万分惆怅之时，你明知他忧思难解，但是还鼓励朋友要摆脱"阴沉的现在"，说"一切都是暂时的"。正因如此，朋友才会真的向前憧憬，重新扬起生命的风帆。反之，舍弃了诗意的虚幻的安慰，你和朋友一同浸泡在伤感的泪水之中，真实地流淌你的情愫，那朋友一定会备感痛苦和煎熬。例如，隐私不容随意践踏，是自由的范围。有些人不懂得它的神圣和不可侵犯的权利，不会利用语言来保护它，荒唐之下，有许多家庭遭受到伤害。

有时候说谎是为了明哲保身。所谓"识时务者为俊杰"，就是这样的道理。这一类型语言广泛应用于其言行可能引发不良事件的时候。例如说："本人不是这方面的专家，因此更为详细的事情就不知道了。"或者说："可能没有什么出路，但是……"之类的话。还有的人说些类似于"这种事情可能在我工作多年以后才有能力回答"的托词，这种人常常在即使自己明明有资格正面答复的场合也如是说。

总之，恰如其分地运用某些合理的语言并非是对诚实美德的贬斥，而恰恰是对人类爱心的表现，对社会和谐的创造。因为这种语言的目的，是为了规避生活中的种种陷阱，能够让事情朝好的方向发展，能够有个美好的结局。

## 有一种语言，让人泪流满面

电影《美丽人生》讲述了一个关于伟大父爱的故事。

第二次世界大战时期，一对犹太人父子一同被关进了纳粹集中营。可以想象，臭名昭著的纳粹集中营中充满了死亡和伤痛,随时随地都可以看见人性的阴暗面,这一切将会对孩童幼小的心灵造成什么样的影响呢?

为了不给孩子的成长带来阴影和创伤,父亲对孩子撒了一个弥天大谎:"他们是在做一个游戏,只要不被看守发现,乖乖地听话,不哭不闹,积满一千分就可以换来大奖———一台真正的坦克。"真正的坦克对男孩子的吸引力是如此巨大,使得他忽略了这个故事中的种种破绽,跟随着父亲的脚步享受这顿在集中营里的"游戏大餐"。

父亲一次又一次地用故事解释着集中营里面的一切,保护着孩子的心灵。甚至在最后的时刻,丧心病狂的纳粹分子因为战场上的失败而开始杀害集中营里的人,而父亲就是被押往刑场处决的一员。

这时候,父亲知道孩子正躲在角落看着他,以为依旧是在做游戏。为此,他用滑稽的步伐走过,用身体语言述说自己不过是被看守发现被开除出游戏而已。他用全部生命维护着这个故事,避免孩子的心灵受到伤害。

他成功了,当盟军部队开着坦克营救集中营中的犹太人时,孩子高高兴兴地跑去拥抱自己的奖品。他自始至终以为这是一个游戏,父爱的故事使他避免了恐惧和惨景造成的心理阴影。

不仅是孩子,人的心理承受能力都是有限的。如果遭受生命中不能承受之重,那么很有可能会导致精神崩溃。因此,用故事掩饰真相成了人们帮助别人的常用方式之一。譬如前面提到的医生为了缓解病人心理压力,一般掩盖真实病情,或者用别的话激励病人。

同样在杂志上看到一篇《有一种谎言，让我们泪流满面》的文章，讲述了一个患有脑瘫的孩子在父母和家人"善意谎言"的呵护下，自信、快乐地走在人生的大道上。

　　看过这篇文章，我深受感动。为如此良苦用心的父母而喝彩，也使我感受到了语言的魅力。父母一句善意的语言可以奠定孩子乐观、积极的人生态度，甚至改变孩子的一生。

　　父母一切善意的语言，其实都是在委屈自己，而不让孩子受到伤害。儿时母亲的谎话你是否还依稀记得？或是你已身为人母，同样也说着类似的话呢？

　　记得小时候，家里很穷，饭常常不够吃，母亲就把自己碗里的饭分给我们姐弟几个吃。母亲说："快吃吧，我不饿。"

　　在我们长身体的时候，难得有鱼有肉吃的时候，我们吃鱼吃肉，母亲却只在一旁啃骨头，用舌头舔骨头上的油渍。我们心疼，就把碗里的鱼夹到母亲碗里。母亲又用筷子把鱼夹回来说："快吃吧，我不爱吃鱼！"

　　上初中了，为了交上我们的学费，当农民的母亲只能上山采茶叶去卖，每天都很晚才回家。有个暑假，我半夜醒来，看到才从地里回来的母亲，我难过地说："早点休息吧，这样会把你累垮的。"母亲笑笑说："快睡吧，我不累！"

　　高考那年，母亲天天站在考点门口为参加高考的我助阵。时逢盛夏，烈日当头，固执的母亲在烈日下一站就是几个小时。考试结束的铃声响了，母亲迎上去递过一杯用罐头瓶泡好的浓茶叮嘱我喝了。望着母亲干裂的嘴唇和满头的汗珠，我将手中的罐头瓶递过去请母亲喝。母亲说："快喝吧，我不渴！"

　　我和姐姐大学毕业参加工作后，母亲在农贸市场摆了个小摊维持生活。身在外地工作的我们知道后就常常寄钱回来补贴母亲，母亲将钱退了回来。母亲说："我有钱！"

　　现在，母亲的谎话仍在继续：

　　"工作忙就不用打电话了，我挺好的。"

　　"我的腰没事，吃两粒止痛片就好了。"

　　"这些营养品太花钱了，我一个人吃不完，你们拿去吧。"

　　父母善意的谎言，让我们泪流满面。

## 报喜不报忧，好女两头瞒

　　人与人之间的关系有很多种。最复杂、最难处理的莫过于婚姻关系，因为这不仅仅是两个人之间的私事，已经牵涉了两个人的父母、兄弟姐妹、三姑六婆、同学朋友等一大串人。所以《新结婚时代》的作者只能长叹一口气，写下了"你不是嫁给一个人，而是嫁给了他所有社会关系的总和"的句子。

　　这么多人，这么复杂的关系，焦点就落在了夫妻两个人身上。处理得好，矛盾不至于外延，夫妻商量商量就解决了问题。但要是处理得不好，两人身边的人就会一个接一个的加入到战争中来，最后演变成生活中的"世界大战"。

　　也许我们从校园到职场，开始学着应对外面世界的各种人和事，逐渐成熟起来，有了自己的应对方式。可是一回到家，我们又变成了那个安于父母羽翼下的小孩子，习惯性地想要倾诉一切，让父母来处理问题。

　　孩子总是自己的好，怎么都不能被欺负了。就算父母再明理，思想深处也难免有这样的观点。对于带走自己孩子的外人

（女婿或者媳妇），心里本来就不能客观认识，如果再加上孩子的埋怨，怎么能不把对方当作眼中钉、肉中刺？习惯于站在自己的立场上，越俎代庖，代替小两口思考问题，怎么看都觉得自己孩子吃了亏。如果再加上对方气头上说出的一些涉及自己的话，长辈的尊严更使得他们对于这个人深恶痛绝。"战争"，就是这么打起来的。

想要和和美美，姻亲间相敬如宾，那就得用到一句俗话："好女两头瞒。"对于小两口之间的事情，对长辈永远报喜不报忧，而小两口之间的恩爱，则是添油加醋地向父母汇报。

明明是自己买了件昂贵的大衣，你告诉妈妈这是婆婆送的，让妈妈放心自己没遇上个喜欢刁难媳妇的恶婆婆；明明是自己买了补品送来的，看看父亲的笑脸，你可以不失时机地告诉他这是丈夫专程从国外带回来的，乐得父亲连声夸赞女婿孝心可嘉；虽然丈夫没加薪也没升职，你也可以告诉父母丈夫在单位上很受重视，自己没有选一个不学无术的家伙，肯定能过上好生活，使父母看见熟人的女儿嫁入豪门时的心理得以平衡；回丈夫家过周末，你可以告诉父母这个周末自己加班不能回来看望他们，免得父母心理失衡。

至于那些小两口吵架闹矛盾的事情，你最好一个字都不会提。至于那些气头上说的"真不知道你妈是怎么教你的""你爸妈没告诉你""你妈妈怎么这么啰唆""你爸爸怎么这么自以为是"之类的话，绝对不能露半点风声。

对于丈夫呢，你无妨这样做。妈妈拿给自己吃的补品，你可以拿给他，说是丈母娘为女婿买的；自己有了一小笔奖金，会告诉婆婆怕他们最近买东西花钱太多，把钱给公婆用。那些父母关于丈夫家庭的议论,绝对不要说出来。只有这样,双方都会满意,两家人亲如一家。

**高手点拨**

## 家庭经营的大智慧:糊涂

每个人都可能在一些情况下脱口说出伤害别人的话,其实本意并非如此。如果任由这些话流传出去,那么就会真正造成伤害,甚至引起更大的矛盾。只有瞒下这些无心之语,用白色谎话去构造出一份美好,矛盾才会在真正形成之前消于无形。

## 不要轻易说出事物的劣势

试想一下,如果你正因为某事而开心,有人告诉你这件事情的负面消息,你会怎样反应?哪怕这个人说的是事实,可是也难免心情低落,甚至有些怨恨对方将你从云端拉到谷底。从此在你的潜意识里,这个人就成了报丧的乌鸦,不那么喜欢他,自然也会和他疏远。正是因为这个原因,很多人在看到朋友的伴侣出轨后都选择缄默,就是因为不愿意在朋友那里做一个来报倒霉消息的人。尤其当事情处理得不好时,朋友会潜意识地将你当作一切坏事的源头,使你们的友情受损。

相反,如果一个人沉醉于伤心之中,为自己的打击而沮丧不已,你却去告诉他这件事情的积极意义,开解他的情绪,鼓舞他的士气,那么他会由衷地感激你,将你视作春天的使者,用温暖的阳光驱散他心中的阴郁。甚至还有可能在他重新崛

起后,将你视作他的贵人,对你终身感激。

所以要想培育良好的人际关系，你就要学习说话的艺术，哪怕多一点点夸张,添一点点虚构,也要注意你所说的一切可能带来的影响。对于那些事物的负面,一定要慎之又慎。

# 调剂感情式的语言艺术

哪怕是亲如夫妻,两个人也未必能处处默契。一切实话实说,只会使得问题形成针尖对麦芒,成为伤感情的罪魁祸首。不该说的话不说,该说的话多说,不得不说的话换个方式去说,感情才会甜甜蜜蜜。语言艺术这时就起到调剂的作用,能够润滑恋人、夫妻间的关系。

还有一种语言,能够营造浪漫的氛围,使恋人关系更为融洽。通常情况下,花前月下,海誓山盟,恋人的心早就飞离了日常生活,连对话也变得缥缈 虚无。

"你说上辈子我们是不是恋人,为什么第一次见到你就觉得好熟悉呢?"

"你说嫦娥漂亮,还是我漂亮?"

"如果我死了变成星星,你会每天晚上凝视我吗?"

如果你据实回答这些问题,说物质决定意识,人根本没有前世;说月球上只有环形山,没有广寒宫,更没有美女嫦娥,所以无法比较;说人死不会变成星星,自己会早睡早起,以便有充足的精力面对生活……

这样一说,浪漫气氛就会荡然无存,对方还会认为你是个没有生活情趣的木头,许多优秀的人才就是因为实话实说变成了婚姻市场上的滞销货。所以在这些爱神主导的时刻,请把科学求实精神放在一边,管它什么事实不事实,只管拣烘托氛围的话说,说罗曼蒂克的话。毕竟恋人的心情和恋爱的气氛最

重要,不是吗?

## 家庭经济两本账

朱德庸的漫画《双响炮》中,妻子总是喜欢购物,丈夫总是对此深恶痛绝,由此引出不少笑料。对于华服美衫,男人可能目不斜视地走过,女人却忍不住要多看几眼甚至驻足挑选。两人思维方式不同,却要维持同一个家庭经济,矛盾在所难免。于是我们常常可以听见这样的对话:

"你又买衣服了?"

"是啊,三八妇女节特卖酬宾,全场七折还返券,好划算。"

"你买这么多干什么,不是前几天才买了吗?"

"便宜啊,打折的时候不买,难道平时贵的时候才买?"

"你看看衣柜里多少没穿过的衣服,又买这么多不是浪费吗?"

"你有完没完,不就是买几件衣服吗,啰唆死了。又不全是我的,还给你挑了衣服呢,好心当作驴肝肺了。"

"我不穿,我有衣服。"

"狗咬吕洞宾,不识好人心。"

许多婚姻中的矛盾就这样爆发了。

反过来,男人对于数码科技产品的热爱也是女人不可理解的。当他们花掉一大笔钱购买那些被女人视作"根本没用"的玩意时,相似的对话也会发生:

"什么,3000多块买个 MP3?"

"这可是苹果的。"

"没看出什么特别啊。"

"轻点,别弄坏了。"

"外面几百块的还是 MP4,4 个 G 呢,你就会浪费钱。"

"质量差远了,你一个女人懂什么？"

"你这话什么意思？"

在这之后,一场家庭大战不可避免。

男人和女人的思考方式不同, 经常会做出对方不能理解的事情。如果纠结于实话实说,想要通过辩论的方式说服对方,证明自己拥有的才是真理,那么很可能"大吵三六九,小吵天天有",两人将会面对无穷无尽的矛盾。最好的方式是避开这些矛盾,让"战争"的导火索被扼杀于萌芽状态,根本不让它们在生活中有探头的机会,那么这些争吵也都不会发生。

如果你是一位妻子,那么不妨将"血拼"后的大包小包寄存在朋友家里,分期分批拿回家,趁丈夫不注意的时候放入衣橱。等到他惊讶你什么时候买了这么一件衣服的时候,你可以漫不经心地回答他:"早就买了,你忘了,还是上次过节我们一起去买的！"甚至用娇嗔来堵住他的嘴:"买了好久了,你就是一点都不关心我,什么都记不得了。"

好, 现在就剩下丈夫回忆你们到底是哪天一起去买的衣服的了。别担心,男人大脑的构造绝对让他们记不清楚这种衣服、饰品的事情,肯定会以为真是早就买了的衣服,甚至可能根本就没有发现你穿着一件之前没有穿过的新衣服呢。

如果你是丈夫,那么买了奢侈品的时候绝对不要隐瞒,因为女人天生细心,很快就会发现你多了一个小玩意。你最好进门就开始大声嚷嚷:"老婆,看我给你买了个什么？"然后献宝一样把东西拿给她看。有了感激你的这份心意,你的妻子不会

过分责怪你，甚至因为价格的昂贵而感觉你对她的好，自然就不会追究下去。而当她很快厌烦——或者是从来就没喜欢过这件物品的时候，你不就拥有全部使用权了吗？

你还可以虚报价格，或者买下几个小玩意，如毛绒玩具、马克杯、手机链、钥匙圈，说是赠品，那么妻子会惊异于东西的性价比和赠品的多少而不再理会你。当然，你要事先确定你妻子并不熟悉这些高科技数码玩意的市场价格。

一个家庭如果只有一本账，那么两个人都会对对方的开销大为不满，还不如明里一本账，暗里一本账，将那些可能引起纠纷的账目埋藏起来，让矛盾永远"不见天日"。

## 夫妻间的赞美

关于爱情和婚姻，悲观者是这样说的："因误解而相爱，因了解而分开。"

最初的时候，双方都卖力地展示自己最好的一面，将缺点深深地隐藏起来，每个人都如同童话中的王子、公主般完美。而另一方呢，则是情人眼里出西施，更是情话绵绵，赞不绝口，自然少了许多矛盾。可是等到关系亲密，两个人都不再伪装，变得轻松随意，矛盾反而露了头。

她发现他竟然三天才换一次袜子，鞋子脱下来能熏死人。

他发现她喜欢看韩剧，在电视前面一坐好几个小时不动，眼泪鼻涕一把一把地掉。

她发现他喜欢打游戏，整晚整晚磨蹭在电脑面前什么也不干。

他发现她喜欢东家长西家短，常常和朋友煲电话粥，扯些鸡毛蒜皮的事情。

缺点越来越多,优点越来越少,抱怨越来越多,赞美越来越少。两人之间缺少了赞美作润滑剂,陷入彼此之间的厌烦和争吵中,哪里还有当初风花雪月的心情? 尽管心中真情不变,但却让对方疑惑:"他(她)到底还爱不爱我,既然在他(她)眼里我什么都不好,一点优点都没有,那他(她)还愿意和我在一起吗? "

爱情需要保鲜, 才能够防止平淡的生活磨平当初的激情,而语言艺术就是最好的抗氧化剂,能够消除生活烦恼,重新找回当初恋爱时的心情,能够心平气和地发现和欣赏对方的优点。

## 有些话永远不要说

在婚姻生活中, 好多是因为不会说话而影响夫妻关系的。我们知道,人的心灵是生动的、变化的,婚姻并不代表心灵的融合,要做到很好的沟通就要会说。要婚姻幸福,夫妻间说话一定要留神,下面的话千万不要说,要说也要用委婉的语言去说。

### □ 指责对方父母的话

两口子吵架本是正常的,本可以就事论事,但有一方总是有意无意地提到配偶的父母,说他们如何如何。本不相干的两件事,最后却演变成对其父母看法的争吵上了。

通常情况下,责怪对方父母的人,女方居多。比如,女方常常会责怪男方父母"你妈怎么能这样",殊不知,这也是对夫妻感情的一种伤害。

中国男人对母亲的敬重,是经过几千年教育的结果。婆媳

之间的战争，大概和这种教育的过程一样长。最平和的男人，当他的母亲遭到攻击时，也会激发出空前的勇气。而恰恰因为这是男人的痛处，女人在与丈夫吵架时，往往要扯出对方的母亲来，这样可以方便地伤害他。自然，越重的伤，留下的痕迹也就越清晰，也更长久。

□ **脏话、侮辱人的话**

这些语言是夫妻之间的百祸之源，夫妻之间争吵切忌出口不逊。骂人之所以使人气恼，是因为骂人的话最难听，使用的都是污辱人格的语言。

谩骂、侮辱配偶是一种可怕的心理暴力行为，因为它会伤害配偶的自尊心。施暴方会摆出一副盛气凌人的架势，对配偶冷言冷语、肆意讥讽。配偶的一切都可能成为他（她）嘲讽的对象，在施暴者看来，配偶只不过是自己的出气筒，没有什么人格尊严。而受害方碍于脸面，也大多羞于说出自己的遭遇。这样既损伤了对方的自尊，也伤害了彼此的心灵。比如："你算什么东西""没用的蠢货""你这个残废"等。

婚后夫妻长期生活在一起，会发现对方的不足，甚至有做错事情的时候。这时，要体谅对方，而使用侮辱性的话责怪爱人，往往会引起强烈的反感和不快，如同火上浇油。做错事本来就会后悔，这样势必会严重伤害夫妻感情。

□ **恶意欺骗人的话**

夫妻之间应以诚相待，不要欺骗，相互信任是巩固爱情的基石。生活中因一句恶意的谎言，引起夫妻隔阂和矛盾的事例并不少见。

虽说夫妻本是同林鸟，但也有人对爱人的无悔付出视若无睹,对爱人的关心和真诚视为理所当然,视婚姻为儿戏,动不动就到外面找情人。然而,在爱人面前却堂而皇之地装出一副正人君子的样子。这种欺骗可能在恋爱一开始就存在着,有的人天生多情,对感情无法从一而终,所以,常常游离于多个情人之间,用花言巧语欺骗他们。这种恶意的欺骗,无疑是夫妻间危害最大的因子。因为婚姻是神圣的,如果你渴望情感的自由,你就不应该选择婚姻。你不适合婚姻,强求自己与他人组成家庭,而在感情上仍然放荡不羁,这本身就是最大的恶意欺骗。这样的欺骗对夫妻的另一方的打击无疑是沉重的。

□ **过分和绝情的话**

俗话说,舌头和牙齿都有打架的时候,夫妻之间的争吵在所难免,但不要说过分和绝情的话。如"我后悔嫁给你""你滚蛋""不再爱你",甚至把"离婚"一词整天挂在嘴巴上。

婚姻是件十分严肃的大事,是两个生命的以身相许。一句伤心的话,说者无意,听者有心,容易产生隔阂,感情也会淡化。

比如说"离婚",是很多夫妻在吵架时比较容易说出的气话。当然绝大多数人在说出这句话时并不是真心想离婚,只是一时的气话,但是这样的话可能会伤害人一辈子。因为吵架时,两个人就如同炸药包,"离婚"则是被点燃的导火索,当一头被点燃,另一头势必会跟着爆炸。气头上说的一句话,也许就会让对方一气之下真的办了离婚手续,离婚后却只剩下后悔莫及了。即使最后没有离婚,听到离婚的一方,难免会留下难以根治的后遗症。他(她)会猜测,自己是不是做错了什么事啊,她(他)在外边是不是有了相好的啊……

## □ 当众数落、揭短的话

据专家研究发现,有一种人拥有强烈的权力欲望。他们通常在大庭广众或者高朋满座之时,当众数落爱人,甚至有时候还以揭爱人之短为乐,以此来显示他(她)的治家有方。观者固然心寒,做爱人的却只想找个地洞,以便快速地躲起来。

夫妻之间最重要的在于相互理解、信任、尊重。每个人都有他的长处和短处,谁都不愿意他人触及伤处,更怕自己的亲人揭短。因为如果连自己的爱人都小瞧自己,他们的心灵所受的伤害将有多大啊!

# 赢得信赖式的语言艺术

可能你希望得到客户的一个订单，可能希望交上一个朋友，可能希望和同事搞好关系，那么，你首先要做的就是赢得他们的信赖。没有人乐意和一个不了解、不可信的人亲近起来，人与人的关系更倾向于"日久生情"。但是，这世间唯一赔不起的就是时间，无论是你，还是别人，时间都是最稀缺的资源。那么，如何快速赢得别人的信赖呢？答案是"巧妙的语言艺术"，它可以轻松拉近你们的距离，"速成"关系。

## 说出缺点，赢得信赖

瑞士钟表畅销全球，号称世界上最准的钟表。但是它在广告语中说出了自己的缺点：并非是毫无误差的，每年会慢三秒。走得不准时的表的确是一个缺点，但是每年慢三秒却是大家都可以接受的，实际上这已经代表着瑞士钟表非常精确，一年才慢三秒。所以，瑞士钟表说出了自己的缺点，却赢得了大家的信赖。

说出缺点，可以让对方感觉到你的坦诚，自然也就会给予你信任。但是有时候你的缺点太大，说出来恐怕会吓跑对方。但是一点不说呢，对方又会怀疑你有所隐瞒，自然不肯信任

你。李国文评说《红楼梦》时就盛赞曹雪芹描写鸳鸯的美貌时，并没有写得如何美貌如何十全十美，而是在浓墨重彩地写了鸳鸯乌发雪肤唇红齿白后，寥寥几笔写了她鼻翼两侧的几粒淡淡雀斑，既不破坏读者心中的美女形象，又显得这种描述更加真实可信。

在需要的时候我们也可以依样画葫芦，指出一个小小的缺点，无伤大雅却又表现出你的坦诚，自然赢得对方的信赖。

## 故意示弱，求助他人

虽然时有"世风日下"的评论，但是多数人还是愿意在不影响自己生活的情况下对弱者施以援手，毕竟帮助人是一件很快乐的事情。在帮助别人后，大家都会不自觉地愿意见到被自己帮助的人，因为可以重温当初助人的感觉，对这个被帮助的人自然而然地产生亲近的感觉。尤其是知恩图报的思想教育传承千载，虽然不至于施恩图报，但是对这个自己帮助过的人总觉得比较放心，因为以怨报德的白眼狼终究还是少数。

因此，如果你想迅速拉近彼此之间的距离，那么可以请对方帮自己一个小忙。帮忙，是为了成全对方的成就感，换来彼此之间的亲近、信赖。

## 同仇敌忾，亲如兄弟

张乔是工程的监理员，每天为进度提心吊胆。可是眼看着工程就要竣工了，施工队却越来越懒，一天做不了多少活，有些消极怠工的味道。

张乔悄悄打探了原因，原来是因为施工队觉得天气热了，没有补贴一点清凉饮料费,心里不高兴。于是张乔找到施工队的老大,想要好好谈谈,别因为一点情绪耽误了整个工程的进度。可是来到施工队老大的房间,却迎来了一双警惕的眼睛。原来施工队老大根本不信任他,怕他是甲方派来的说客。

张乔没有开门见山地说工程进度的事情,而是和施工队老大拉开了家常,絮絮叨叨说些自己工作中的事情。也不算什么大事,无非是拖欠工资啊,补贴不够啊,半年不放探亲假啊之类,有的说得更惨,没有的也编造些故事出来,说得施工队老大连声感叹:"唉,原来你们也不容易啊。"

眼看气氛融洽了许多,张乔就开始和施工队老大一起埋怨公司的老板,两人你一句我一句非常投机,不多时已经好得跟兄弟似的。看火候到了,张乔也就把怠慢工程对施工队的影响谈了谈,施工队老大认真一听果然是两败俱伤,也就答应改正。

对立的双方矛盾之所以化解,就是因为张乔巧妙地将矛盾的焦点对准了第三方——公司老板。同仇敌忾的感觉使得他和施工队老大的距离迅速拉近,淡化了彼此的立场问题,使施工队老大将张乔视作自己一方的人,当然也就信赖他,愿意听他的意见了。

## 透露秘密,拉近距离

陈玲出身书香门第,家教甚好,是个典型的大家闺秀。可是进入公司时间不短了,陈玲的能力和性格虽然都得到了大家的赞赏,但这种赞赏里透着疏远,只是礼貌上的客套而已。陈玲也不明白自己为什么融入不了这个群体,总觉得和大家格格不入。

一次陈玲把这疑问告诉了自己的闺蜜，闺蜜指导她说，是他们不和你亲近，还是你不和他们亲近？

原来陈玲家教很严，在公司绝不说人是非，也不喜欢谈论自己的私事。同事感觉不到她对自己的信赖，也就很难主动去信任她，大家的关系自然就维持在表面的客套上。

看到陈玲迷惑的样子，闺蜜指点说你在合适的时候说点自己的私事给他们听，不要太平常的，也不要严重到真关系到你的隐私，哪怕就是编造点小秘密都行。

陈玲言听计从，果然，同事们都感到陈玲对自己很信任，关系很快就好了起来。

秘密是一个人的隐私，甚至可能是一个人的把柄。当一个人愿意对你透露这些的时候，他已经将你当作了很亲近的人，你也会不自觉地将他划到朋友圈中来。因此适当的时候向别人透露一点隐私，甚至可以编造一点带有爆炸性的秘密，你会发现自己已经融入了群体。

## 理解万岁，心生亲近

为什么我们会觉得朋友好、知己重要，那是因为他们和我们志趣相投、性格相近，能够真正理解我们的想法。而为什么我们有时候会觉得某人很讨厌，就是因为他的想法我们不能理解，难以赞同他的所作所为，甚至觉得他的言行不可理喻。所以当一个人对我们的想法表示赞同的时候，我们自然而然地觉得他非常亲近，将他视为自己的朋友，产生信赖的感觉。而不能理解我们的想法甚至针锋相对地表示反对的人，我们很难在不够熟悉的时候信任他。

《神雕侠侣》中黄药师和杨过于路上相逢,一个是成名已久的东邪桃花岛主,一个是当时还默默无闻武功低微的少年郎,两人为什么能一见如故成为忘年交?金庸说得明白:"杨过口齿伶俐,言辞贴切,兼之生性和黄药师极为相近,说出话来,黄药师每每大叹深得我心,当真是一见如故,相遇恨晚。"

本来以见识学问而论,杨过还不够黄药师的零头,只是黄药师说到什么,他总是打心眼里赞成,偶尔加上片言只字,却又往往恰到好处,不得不让黄药师奉为生平第一知己了。

理解万岁,原本就是友情的基础,信赖的根本。因此,想要得到对方朋友般的信赖,不妨对他的心意表示理解,对他的想法表示赞同。对方一旦将你视为知己,信任你就是必然的事情了。

## 追求者的爱情秘籍:说对方想听的话

所谓谈恋爱,"谈"字是主。如果你和心目中的爱人无话可说,四目相对,只剩下尴尬,那多半没有发展前景可言。可就算你口若悬河、舌若莲花,也未必能载得美人归。徐烨就是个例子。

徐烨也算是小有名气的青年,不说上知天文,下知地理,至少见多识广。这次相亲,对方是个非常秀气的姑娘,徐烨倾心不已,拿出当年大学辩论赛金牌选手的风范,一路不停地侃了两个多小时,从名车到美食,从唐宋元明清到全球一体化,纵横古今遍及中外,侃得对方连连微笑。

这事成了,徐烨心想。

可是事情偏偏没成,徐烨口若悬河说了那么多,人家姑娘却认为没有共同语言,那天的微笑只是礼貌而已。酒逢知己千杯少,话不投机半句多。半句都已经多了,何况徐烨说了那么

多句，简直就是啰唆讨人嫌。

后来徐烨又遇到个不错的女孩，这次他吸取了教训，先试探了一下对方的爱好，原来对方喜欢的是流行、星座之类的东西。

"你十月出生，该是天秤座吧。这个星座有点优柔寡断，我看你刚才点菜的时候犹豫了好久。"徐烨不动声色，把话题引向对方喜欢的方向。

果然对方如遇知音，连问徐烨是不是也喜欢星座，徐烨点头称是。这可是不折不扣的谎言，徐烨一直对星座之类的玩意抱着不过是哄骗小女生的看法。可是没办法，为了不再次出现自己滔滔不绝使对方却感到话不投机的情况，这个谎不得不撒。

两人越聊越投机，只要是对方的问题，徐烨都装出很感兴趣的样子，让她深有一见如故之感。有了这次的好印象垫底，以后二人的发展也就顺理成章了。

据说人都是单翅膀的天使，只有找到适合自己的一半才能飞回天堂。所以每个人都在找和自己匹配的另一半，在茫茫人海中寻觅自己的知音。如果你想引起对方的注意，那么，最好的办法莫过于让她觉得你和她志趣相投，看法相同。

记得《茜茜公主》中男女主角约会的场面吗？两人不断地发现彼此爱好相投，习惯相近，"我也是""我也是"之声不绝于耳。爱情的开始，本来就该是这个样子。所以当你遇到意中人的时候，不妨撒几个无伤大雅的谎，不管你是否真的认可，请违心地说"我也是"，为你的爱情开个好头吧。

# 第 2 章 这样说最有效

　　像为黑黑的朱古力涂上一层七彩斑斓的糖衣一样，真实往往被紧紧包在美丽的外壳下。然而，这层糖衣包得好不好，有没有"穿帮"，却要看天时、人和及包装功夫。

# 赞美如煲汤，火候是关键

广东人出名的就是能煲出老火靓汤，清热驱寒，滋补养颜，让其他地区的人羡慕不已。

煲出好汤并不容易，火小了，东西炖不烂；火大了，东西炖得太烂；时间短了食物不够入味，时间长了汤少汤咸都有可能。所以别小看一碗靓汤，那可是技术和心血的结晶。说话，有些和煲汤相似的地方，那就是讲究一个火候。一旦火候失控，得到的结果绝不是你想要的。

## 过度吹捧让人起疑

人们都爱听好话，但不愿意被人发现自己爱听好话，也不愿意承认自己爱听好话。对于自负者来说，他只会觉得你的赞美是理所应当，是事实的描述。如果他发现你仅仅是在恭维他，失望的心情会使他对你感到厌烦，之前赞美造成的好感荡然无存。

张女士最近的密友是丈夫朋友的老婆王女士。这位王女士年纪和张女士相似，舞蹈老师出身，对于穿着打扮很有见解，和张女士聊起来自然是相当投机。尤其是当这么一位有品位有见解的同性赞美自己时，张女士就会觉得特别高兴。

王女士和张女士聊得开心，最近张女士的丈夫很是关照这位朋友，并且常常在节假日做四人行，私交很不错。

这天张女士和王女士又出去买衣服，张女士试了几套新上市的春装，王女士对张女士挑衣服的眼光一边赞不绝口，一边自我贬低："你看你选衣服真有一套，上身效果特别好，又会搭配，不像模特穿着一身套装那样死板。我就不行了，老选一些看着好看的衣服，上身了就是别扭，怎么穿都穿不出模特身上的效果。"然后她又夸张女士有气质，像个官太太，不像自己小家子气，上不了台面。

张女士被王女士赞得心花怒放，觉得小王夫妇真是知情识趣。可是就在这时候王女士说："你穿衣服好看还因为身材好，没小肚子，腿长，比我可好多了。"这不是睁着眼睛说瞎话吗？王女士舞蹈老师出身，这几年一直在外面做私人培训，练功一点没丢下，身材比不少小姑娘还好。而张女士中年发福，也就是一般妇女身材，怎么可能比王女士还好呢？

说品味、气质，张女士都有自信，可是说起身材她是有自知之明的。眼看王女士这么不顾事实地夸她，她感觉到了话里的虚假成分，越发觉得王女士这个人虚伪、有城府，之前的好感也就荡然无存了。

## 选好时机再说谎

有时候你高高兴兴，嘴里调了蜜一样凑过去，不想马屁拍在马蹄上，对方不但不领情还给你脸色看，热屁股贴了冷板凳，滋味肯定不好受。可是你除了抱怨对方喜怒无常之外，有没有想过其中的原因呢？同样的赞美，如果对方以前还高高兴兴地笑纳，今天却拒人于千里之外，那很可能就是你没有找准

说话的时机。

小张正在追求小李，甭管是情人眼里出西施，还是有意讨好小李，反正在小张嘴里，小李就是全世界最漂亮的姑娘。尤其是皮肤白如凝脂、滑如清波，仿佛剥壳鸡蛋一样，吹弹可破，让人一见倾心。

但是，这天两人约会，小张看见小李穿着一身粉红的衣服，皮肤白白嫩嫩就像初生的婴儿，正开口称赞着，结果小李不像往日那样笑逐颜开，反而板着脸，一句话也不肯说。

原来那天小李脸上长了个痘痘，正为这个心烦呢，怕处理不好留下疤痕，自己皮肤的优点一去不返，小张偏偏在这个时候来夸奖小李的皮肤，这不是惹人讨厌吗？

所以，说话要把握时机。还是《红楼梦》中里的那个尼姑会把握时机。这位尼姑要求王熙凤办事，没有找上门去，也没有凑办葬礼时候的热闹，等到葬礼结束之后，才找到凤姐细说。你想，当时凤姐忙得团团转，哪里还有心思理会她。等办完了大事，凤姐心情愉快，又尝到了权力的滋味的时候，求她办事自然会容易得多。

这位尼姑没有直通通开口就说，而是先和凤姐聊天，讲了些持家掌权的闲话，哄得凤姐开心，并且乐意在她面前显示一下本领的时候才说出求凤姐的事情。凤姐虽然并不太想管，但是有了前面的良好氛围，已经让她骑虎难下，最后一口答应了。比起小张，这位尼姑是不是聪明许多呢？

## 说话要有感情

自从几年前《南方周末》用了个标题叫作"总有一种力量

让你感动"之后,就每每有报刊杂志仿效这个标题,如"总有一本图书让你感动""总有一封情书让你感动"等。不过这么多的感动里面,很少有超过《南方周末》当年那篇采访的力度的,所以,让读者们实在感动不起来。

你的话没有真情实感,别人凭什么动情,凭什么相信你呢?哪怕你口若悬河说出一朵花来,别人不信,那你说谎的目的也就没法达到,可能反而被冠上种种负面标签。

"婆媳天敌"的论调从古到今就没变过,个中滋味肖月深有体会。虽然自己不是个娇气的大小姐,婆婆也不是不讲道理的老人,可是代沟的问题使得两人有了水火不容的感觉。

为了化解家庭矛盾,肖月不但咨询了所有的闺蜜,还跑到网上发帖要网友支招。综合各方面意见,她打定主意要以情动人,把婆婆当作自己亲妈对待,相信能够起到作用。可是事情并不像肖月想得那样简单。

虽然她一再"把婆婆当作自己亲妈"来要求自己——万分不情愿,也要每周抽空儿陪婆婆上街购物或者游玩;心疼钱也要买昂贵的补品送给婆婆;明明不是这么想,也口是心非地夸赞婆婆:做菜的味道、处世的方式、穿衣的品位……但是她所做的一切并没有缓和婆媳之间的矛盾。

因为在婆婆看来,肖月每次陪自己都满脸的不高兴,买东西老是强调价钱想要自己感激,说话言不由衷,有时候简直就是讽刺。一句话,一切不过是在做样子,并不是真心实意的。所以说,既然想要他人相信你,那么首先要说服你自己。如果自己都不相信自己所说的、所做的,又怎么要别人相信呢?

## 99°的水不会开：说话要恰到好处

水的沸点是 100 摄氏度，只有到了这个温度水才会沸腾起来。哪怕你自己觉得已经开足了火力，锅里的水也热得烫人，只要差那么一度，你也没法把水烧开，做了再多的功夫也都是白费。所以，说谎把握时机和火候最重要。

# 试着把话说得更婉转

世界上不是只有黑、白两种颜色，事物也并不是只有非此即彼两种属性，生硬粗暴地去解决问题只会让问题陷入僵局。委婉而留有余地地说谎，选择正确的角度和时机，被动可以变为主动，缺陷可以变成优点，批评的话也可以让人乐于接受。面对问题，有话无须直说，试着把话说得更婉转一些，可能会起到更好的效果。

## 避重就轻，争取主动

很多人都非常佩服诸葛亮的政治、军事才能，敬服他"鞠躬尽瘁，死而后已"的人格魅力，更对他睿智的外交辞令无比叹服。

我们一起来看这样一个情节：

当时曹操才打败刘备，新收刘琮，诸葛亮在此危难之际，奔柴桑见孙权，以促成联盟。在此种情况下，诸葛亮的角色很难把握，他和孙权初次见面，自然要有一段开场白，以便分析形势，介绍情况，说明来意。而此时刘备已是败兵之将，自己又是无职之官，口上说联合孙权，而实际上孙、刘两家力量对比过于悬殊。此时的孙权坐拥十六州，而刘备只有一个江夏，还是公子刘琦的。刘备兵不过两万，其中一万还是借的。但是诸

葛亮见到孙权时仍然镇定自若,侃侃而谈:"海内大乱,将军起兵据有江东,刘豫州亦收众汉南,与曹操并争天下。

诸葛亮没有说刘备如何兵败,曹操兵势如何,而上来便是"海内大乱",从全局形势出发,纵谈天下。避免了孙权追问具体细节而泄露刘备的尴尬境地,可以说避开了孙权的锋芒。接着"将军起兵据有江东,刘豫州亦收众汉南",一句话托起了两家,刘豫州确实已到汉南,也的确"收众",但是到汉南是被曹操追的,是逃到汉南的。

刘备所收的也不过是不愿意离去的老百姓,没有一丝一毫的战斗力。然而更精彩的却在后面:"与曹操并争天下",这可以说是一个没有影的谎话,刘备此时要兵没兵,要将不过关、张、赵而已,如何三足鼎立呢?但是这个开场白将刘备的失败进行了掩藏和粉饰,给足了刘备面子,提高了刘备的地位,回避了对联合的不利因素,稳妥地搭建了孙刘联合的平台。

所以我们在回头看这段话时,不难发现,一半是谎话,一半是大话,而恰恰是谎话给了刘备集团一个缓冲的机会,稳稳当当地成了联盟中的一个主角。从这里我们可以看出,委婉地回避可以粉饰自己的窘迫和改变劣势。

## 换个角度谈问题

赵华已经大学毕业半年多了,但是还没有找到工作。所有的亲戚朋友都为他着急,办法想了很多,简历投了不少,招聘会也没少跑,可就是没头绪。为了这个事情,父子俩没少吵架,后来赵华干脆就待在家里,工作也不找了。

父亲劝赵华说:"你只是一个普通大学生,刚出校门,却挑这个公司的待遇不高,那个公司没前途,找来找去,不是你看中的公司不要你,就是要你的公司你不去,弄得高不成低不就的。而且整天嚷嚷自己上了十几年的学,学了这么多东西还怕没饭吃。"话糙理不糙,可是父亲越是语重心长地讲,赵华就越是反感。

他叔叔知道了这种情况,语重心长地开导赵华说:"叔叔知道你大学毕业,已经形成了自己的知识体系,有文化;而且对现实有一个自己的看法,想做出一番事业,有抱负。但是你刚从学校出来,没有经验,现在社会发展很快,知识更新更快,所以你不能只困守在现有的能力范围内,在社会上不仅要继续学书本上的东西,更重要的是要在工作中积累实践经验。所以,眼下我们首先要确立目标,这样才能有目的性地找工作;二是要踏踏实实地去做一做,才能知道你能不能做,做得好不好;三是要下决心不断地努力学习,不要故步自封。"

听了叔叔的话,赵华重新对自己进行了评估,很快找到了一份很好的工作,并且在工作中踏实努力,很受上级的赏识。叔叔简单的一番话彻底改变了赵华的想法,也改变了他的命运。

从上面我们可以看出赵华的父亲和叔叔都知道小赵的问题出在哪里——"眼高手低"。可是父亲的直言不讳给赵华带来了伤害,造成了他的逆反心理。叔叔的话不仅点出了赵华的问题所在,更重要的是保护了他脆弱的自尊心理。

如果深入地分析,叔叔的话是避开问题的关键,首先不是针对赵华工作问题,而是谈当时的工作形势,知道赵华也不过是空有点知识,却不去批评他能力上的缺陷,却表扬他有知识但是需

要不断的学习,经验需要在实际工作中才能不断地积累。

所以,虽然叔叔的表扬是违心的谎话却是指明正确处理问题方向的铺垫,将心比心,以心换心,将赵华不对的事实用赞美加提意见的方式说出来,效果自然好。

## 找准开口的时机

经常有人抱怨别人把自己的好心当作驴肝肺,明明自己说得在理,可是人家不但不听,反而迁怒自己,真是"狗咬吕洞宾,不识好人心"。

同样的话,对不同的人来说,不同的时机来说,效果就不同。之所以出现费力不讨好的局面,除了当事人的不理智外,原因多半还是因为你没找对开口的时机。该开口你不开口,矛盾也许就会错过最好的解决机会,事情就会向另一个方向发展。可是不该开口的时候你开了口,那么很容易变成"猪八戒照镜子,里外不是人。"如何避免将自己卷入旋涡,巧妙地解决问题,就需要找准时机。

找准时机开口,首先就要把握好自己和这个问题的关系。如果你身在局中,事情的解决方式关系着你的切身利益,或者说,你对矛盾双方的关系亲疏有别,那么就算你是公平地考虑问题,别人也往往会"以小人之心度君子之腹",认为你是在将事情导向一个对你有利的方向或者是在偏袒自己的朋友,而不采纳你的提议。

但是你要是和这件事毫无关系,态度客观倒是做到了,却又免不了有"狗拿耗子多管闲事"的嫌疑。尤其是处于矛盾的双方,对于你这个外人闯进来掺和,不但不会感谢你的热心肠,反而会觉得你多事讨厌,根本不会理会你的话是否说得有道理。因此,想要做和事佬,最好和当事人双方都有一点关系,说话有人听,但是这件事又不能涉及你的自身利益,说出来的话才有公信力。

另外,我们身处一个长者为尊的国家,小辈的话长辈很难当真,就算是明知有理往往也会因为面子观点而视若无睹。如果你和问题的距离虽然恰当,但是矛盾双方的资历比你高,也没有什么私人交情来弥补地位的差距,那你还是免开尊口为妙。贸然出头,人低言微,很难有人会心平气和地去思索你的见解,尊重你的意见,反而会嘲笑你自不量力、企图主持大局的姿态。

就算你和矛盾当事人有着平等或者亲密的关系,甚至处于权威地位,想要开口,依旧要三思而后行。哪怕就是大家眼巴巴地望着你说个意见,你也不能一时激动,没想好就开口。只觉得该说点什么而没想好怎么说,吞吞吐吐思维混乱,不但解决不了问题,甚至有可能情急下说错话让事情进一步恶化。所以开口之前,最好已经了解了事情的来龙去脉,避免偏听偏信说出的解决方案让大家不服,然后找出适当的解决方式,有条有理地进行分析说明。唯有如此,你的开口才是有价值的,才能得到别人的感激、信任和佩服。

# 说话如同嚼甘蔗，可以两头甜

　　有这样一个问题：假如你妻子和你妈一起掉进河里了，你是先救妻子，还是先救母亲？大多数人都会陷入两难的选择境地——两个生命中最心爱的女人，左手是母亲，右手是妻子，如何取舍啊？

　　别以为这只是在测试当中才有，现实生活中这种两难的问题比比皆是，公说公有理，婆说婆有理。比如说，职业经理人和老板之间的冲突，面对这种两难的境地，如何取舍？答案就是运用语言艺术的太极功夫两头周旋，使矛盾得到平衡和化解，让你像甘蔗一样，可以两头甜。

## 从"列子两难"问题说起

《两小儿辩日》的故事，大家都耳熟能详。

　　一个小孩认为太阳刚出来时距离人近，而正午时距离人远，因为太阳刚出来时大得像车上的篷盖，等到正午时就像盘子碗口那样小，这不正是远的显得小，而近的显得大吗？而另一个则认为太阳刚出来时离人远，而正午时离人近，因为太阳刚出来时清清凉凉，等到正午时就热得像把手伸进热水里一样，这不正是近的就觉得热，远的就觉得凉吗？这个问题把孔子都难住了，他也判断不了谁是谁非，于是遭到小孩的嘲笑："谁说你很多聪明呢？"

囿于当时的科学水平，真是难为孔子了。其实，现实日常生活和工作中，也总能遇到类似的两难问题。处理这种两难的问题没有统一的标准，有时候需要根据具体问题，采取不同的具体办法。但通常情况下运用谎言打太极拳，搞平衡，可以起到两边都不得罪的效果。

## 练就左右逢源的太极功夫

面对两难的矛盾，人们常常感叹：手心是肉，手背也是肉，顺得哥情失嫂意，实在难以两全其美。可是事实容不得你在一边长吁短叹，短时间内就要见分晓。你看小段正为做这决定发愁呢。

小段虽然年纪不大，但是一毕业就在公司做事，是公司的元老之一。除了资历长，他的业务水平也是公司首屈一指的，在一帮年轻业务员的心里很有威信。

可是人不够分量的时候想要变得有分量，有分量了又开始怀念以前无职一身轻的日子。最近公司空降了一名高层管理员，据说是某个董事推荐的，是经过董事会开会讨论、重金聘请的人才，相传还是下一任 CEO 的人选。

空降兵初来乍到，自然需要拉拢人心，小段这样有能力又有个人魅力的中层干部自然是他拉拢的首选对象。可是面对空降兵抛来的绣球，小段却不敢贸然接受。因为身边还有一双虎视眈眈的眼睛，那就是现任 CEO。

现任 CEO 也不是等闲之辈，有学历有能力，几年来把公司做得风生水起。尤其是搞办公室可是一把好手，几年来凡是和

他作对的人都没什么好下场，不是难以得到重用，就是辞职或者遭到解聘。现任 CEO 从空降兵来的第一天起就视之为前来夺权的死对头，不但工作不配合，还明里暗里要员工们保持对"公司"的忠心。说到底，也就是在拉人对抗赛。

投靠空降兵吧，自然是得罪了现任 CEO，要是现任CEO 笑到最后，那么自己的结局可想而知。虽然空降兵实力不弱，后台更硬，但是现任 CEO 的势力在公司盘根错节，又是政治斗争的高手，很难说鹿死谁家。可不投靠空降兵吧，不但立马得罪了眼下董事会的红人，还得小心将来人家正式担任CEO后给自己穿小鞋。两边都在等小段表态，小段却不知道自己应该如何抉择。

为一己私利，对领导表里不一、一味地阿谀奉承、欺骗显然是不可取的。但小段处在现任和新任领导不和谐的政治斗争的夹缝当中。他的任何诚实的抉择，都会导致自己处于不利的局面。因此，用语言艺术去保护自己免受伤害是不得已，也是最为明智的做法。

所以，恰到好处的做法其实很简单，在空降兵处表表忠心，在现任CEO处拍拍胸脯，想办法用语言解释自己工作中一些似乎是偏向对方的事实，那么这段最艰难的时间就可以轻松度过。等过段时间局面清楚了，小段就可以从容自若地选择一方阵营加入，无须再左右为难了。

要能精妙运用这一招，就得学学语言艺术的三个步骤。

第一步，你对矛盾双方说的话，要显得模糊缥缈，不要把话说死，永远给自己留下回旋的余地。这样就可让别人信以为真，自己却又没有做出真正的承诺。

第二步,这个时候需要巩固自己说过的话。特别是如果被人发现自己的所作所为似乎和所说的不同,那就需要你用更多的语言来弥补。

第三步,当尘埃落定,局面明确,你不用再左右为难的时候,当初留下的回旋余地就发挥了用场。那些模棱两可的话,你大可选择一个对自己最有利的方向来说。

## 两边圆场,化干戈为玉帛

不计较谁对谁错,劝双方顾全大局、以和为贵,将大事化小,小事化了的办事方式就叫打圆场。

发生冲突的双方难道没有是非之分? 答案当然是否定的。但是随着矛盾的升级,这个时候就很难分出是非了。矛盾之所以会产生和升级,就是因为双方都是站在自己的立场来固守己见的,婆说婆有理,公说公有理。

这个时候,冲突的双方往往处于非理智状态,持续下去只会向恶化的方向发展。因此,想要做和事佬,就必须学着自我欺骗,糊涂一点,赞同每个人的观点。因为站在每个人的立场去看问题,都是对的,只是立场不同而已。

这种打圆场的做法是从善意的角度出发,以特定的话语去缓和紧张气氛、调节人际关系的一种语言行为,在日常生活中有着积极的意义,值得大力倡导和推广。不过,打圆场体现的是当事人随机应变的智慧,是需要讲究方法的。

我们不妨看看下面的故事,学习主人公是如何做的。

清朝末年,陈树屏做江夏知县。当时张之洞在湖北做督抚,张之洞与抚军谭继询关系不和。但陈树屏常能巧妙处理,

两头不得罪。

有一天,陈树屏在黄鹤楼宴请张、谭二人及其他官员。座客里有人谈到江面宽窄问题。谭继询说是五里三分,张之洞却故意说是七里三分,双方争持不下,谁也不肯丢自己的面子,宴席上的气氛顿时紧张起来。

陈树屏知道他们是借题发挥,对两个人这样闹很不满,也很看不起,但是又怕扫了众人兴。他灵机一动,从容不迫地拱拱手,言辞谦虚地说:"江面水涨就宽到七里三分,而落潮时便是五里三分。张督抚是指涨潮而言,而抚军大人是指落潮而言。两位大人都没有说错,这有何可怀疑的呢?"

张之洞和谭继询本来就是信口胡说,接下来由于争辩下不了台阶,听了陈树屏的这个有趣的圆场,自然无话可说了。

众人一起拍掌大笑,争论便不了了之了。

在日常生活中,人与人之间难免会发生一些摩擦,个别脾气暴躁的人,会为一点鸡毛蒜皮的小事而与他人交恶。如果这个时候,没有人出来协调,就会酿成悲剧。

因此,每个人如果时逢这样的事情,都应该主动做和事佬,运用语言艺术打个圆场,就能化干戈为玉帛。

# 遇见红灯，借住语言艺术绕着走

在中国素有所谓"逆鳞"一语，即使再驯良的龙，也不可掉以轻心。龙的喉部之下，约直径一尺的部位上有"逆鳞"，全身只有这个部位的鳞是相反生长的，如果不小心触摸到逆鳞的人，必会被激怒的龙所杀。其他的部位任你如何抚摸或敲打都没有关系，只有这一片逆鳞无论如何也接近不得。

在人与人的相处中，有些方面也如龙身上的逆鳞，有所忌讳，千万要引起重视，别跨越红灯。生活中难免会撞上"红灯"，比如生活陷入困境，不小心揭了别人的伤疤，伤了别人的自尊……这个时候就必须借道语言艺术绕着走。

## 别用得意对照失意

漫漫数十年，人生中的遗憾会有很多种，锦衣夜行也称得上其中之一。幸福是需要分享的，当你红运当头，事业一帆风顺，爱情甜甜蜜蜜，心头的喜悦要是能向三五知己说说，听听他们的赞美和羡慕，那是人生一大快事。否则，自己小日子过得虽然滋润，没有人击节赞赏，没有人酸酸地说上几句羡慕的话，这心里还真缺点什么。

正因为这种潜意识中隐讳的炫耀心理，想要把别人压低一头的自我膨胀优越感，所以才有许多女人聚集在一起，显摆一下刚买的路易威登，展示一下今天穿的一双 Prada，互相酸溜溜地吹捧又想要独领风骚的现象出现。

可是在这种比较中取胜，你是幸福加倍了，对方会是什么滋味？技不如人，愿赌服输。可是明明就是起点相同条件相似的两个人，仅仅是因为运气就分了高下，我贫你富，我贱你贵，怕是没几个人能心胸宽广到能轻松地接受这一事实。

有了对比，心里难受，不如人的一方往往有两种反应。一是从此敬而远之，反正尽量减少交集，免得看着人家眼红，这样一来，友情自然搁浅。另一种反应是自觉伤了自尊，于是立马摆出清高的姿态，断绝往来，摆出一副"视富贵如浮云"的淡泊名利的模样，仿佛你的一切所得都来路可疑。划清界限之后，他还要在其他人面前宣扬这件事情的所谓前因后果，活脱脱把你塑造成一个"富易妻贵易友"的小人。友情没了不说，名声还会受损。

最可怕的是那种自己过得不好也不要别人过得好的人。看见你发达了心理不平衡，也不想想自己要怎样努力，只是一边暗自诅咒你，一边想要拉你下来。

有这样的朋友，可谓是毁人不轻啊。可这一切的一切，竟然就是当初的炫耀造成的。也许你们之间本来是相交的好友，大家说说笑笑互相帮忙，只因为你的发迹和不加掩饰才弄成这个样子。

过来人常告诫我们说：不要考验人情，不要挑战人性。想要永久保留那些友情，至少不要让朋友变质成为敌人，那么你需要做的就是低调再低调,自己躲起来享受幸福,在大众面前摆出一副愁眉苦脸的样子,人家一夸奖你羡慕你,你就大谈家家有本难念的经,编造点豪门恩怨,杜撰点恩怨情仇,说说自己现在生活的苦恼,让他们觉得心理上平衡了,甚至进一步开始同情你的遭遇,那么恭喜你,你保住了旧时的友情,也没有树起新的敌人。尤其值得注意的是,在下面五个场景下,你可千万别忘了低调:

第一,对方说起某件事物的好时,别因为这件事物在现在的你眼里不算什么而出言否定。

第二,对方表示对你羡慕的时候,别忘了把自己的生活贬得低一点。当然,别做得太过分,否则会让朋友觉得你纯属得了便宜卖乖。

第三,对方用向往的语气说起希望拥有你已经拥有的某些事物时,别贬低这件事物,而是鼓励朋友。

第四,知道自己混得比大部分人都好的时候,不要锦衣华服地去参加聚会。

第五,当大家夸奖一个人成就的时候,别跳出来展示其实你更成功。

## 有时闭紧嘴巴,少说为妙

《红楼梦》里边最精明的看似是抢风头的王熙凤,其实是最会做人的薛宝钗。你看她拉着丫鬟说知心话,不避忌讳把衣服送给王夫人应急, 每逢聚会就点贾母爱看的戏和爱吃的食物,自己掏钱出力帮史湘云筹办螃蟹宴,就连把她当作假想情敌的林黛玉都被她的温言劝解, 再加几两冰糖燕

窝收服了。

大观园内看似花团锦簇,实际上危机四伏。一个厨房的差使就争来争去好几回,牵涉到了各房的丫鬟婶子,结下不知多少梁子。一个种花种草的差使,一个后辈的投靠,就能引得夫妻俩相互攀比。要在这样的环境下做个人见人爱的人可是不容易。不过宝钗做到了,上上下下没有一个说她不好,就连刁钻古怪的赵姨娘,也要称赞她一声。

宝钗收获了这样的人际关系,最后登上了宝二奶奶的宝座,靠的是什么呢?王熙凤就评说过宝钗的为人处世:拿定主意不开口,一问摇头三不知。既然在这样的环境中说什么都有可能得罪人,那么多说多错,不如不说不错。既然你不知道你所说的话会得罪到什么人,那么就别一时口快刺伤了别人,埋下矛盾的种子。

林黛玉就吃了这个亏。这个水晶心玻璃肝儿的妙人儿,人人都夸她一张巧嘴,不是这里语带双关的借数落小丫头敲打宝玉、宝钗,就是那里用"蕉叶覆鹿"的典故取笑探春。反正她人机灵多智,反应比别人都快,自然稳稳拿住话语权。

可是说得越快,别人越难阻止。说得越多,得罪的人就可能越多。寿宴上,她打趣宝玉帮人瞒下偷东西的事情,只顾着嘴快取笑要看宝玉的窘样,在话出口之后才注意到旁边的彩云——也就是偷东西的正主脸色一变,也自悔失言。

这是她看见的,那没看见的,又有多少呢?行令的时候说出当时"黄色书籍"上的诗句,小性儿说话大声得罪湘云。因为这随时随地地展露自己的情绪,好好的才女美女担上了小心眼刻薄的名声,最后魂断潇湘,连送的人也没几个,何等可怜。

比起宝钗的男婚女嫁,又是如何让人叹息?

人心是微妙的,人所见所想却是有限的。你意气飞扬,随时随地情绪流露,殊不知就在不经意间得罪了人,树了敌,为以后的路埋下地雷。因此,请闭紧嘴巴不要随便开口,一切三思而后行。别为了一时痛快脱口而出,平白为自己招惹上麻烦。如果你明明知道这么说会引来许多人不高兴,那么请你换一种皆大欢喜的说法,哪怕这是谎言,又有什么关系呢? 至少它保护了你。

## 不逞匹夫之勇

国内以前一直提倡勇斗歹徒,把见义勇为的英雄提到了很高的高度,教育大家都要向这些人学习。但是近年来,教育的风向慢慢转变,在见义勇为教育的基础上增加了一个前提:你能打得过歹徒,能保证自身的安全。

见义勇为的品质的确值得推崇学习,但是徒有勇气而没有相匹配的实力,就这么冲上去,往往有可能只是送死,除了多流一点血之外没有任何作用。救不了人反而搭进去自己,实在是得不偿失。因此要冲上前去的时候,最好先估量一下自己的实力,别白白做无谓的牺牲。

就个体来说,不要有勇无谋地冲上去和凶残的匪徒搏斗,放大一点说,社会上不公正的事情甚多,你要做个正直不阿的人和这些丑恶做斗争,也需要先掂量掂量自己的实力够不够斤两。

纣王无道宠信妲己,酒池肉林,炮烙之刑,还惨无人道地破开孕妇的肚子检验胎儿是男是女取乐,正直的大臣比干看

不下去,屡屡上奏规劝。可是他没有想到,纣王已经不是那个曾经承教于他的年轻学生,而是一个要求有自己权威的君王。自己的直言进谏已经损害了纣王的颜面。再加上妲己、费尤二人在背后挑拨离间,比干不但没有改变纣王的残暴分毫,反而自己被挖出了心肝,成为牺牲品。

不要说什么"武战死,文谏死。"死有重于泰山,也有轻于鸿毛。如果只是为了匹夫之勇,或者仅仅是道德上的优越感迷惑了自己随便挺身而出,那么你的付出又有什么真正的意义呢?相反,你会成为众矢之的,白白成为别人攻击的对象,牺牲了自己。

与其这样白白牺牲,还不如韬光养晦,隐藏自己的见解与实力,等到时机成熟再一举扳倒那些丑恶的势力,不是更好吗?所以在羽翼未丰、实力不足的时候,请你暂时随波逐流,用语言掩饰一下自己的真实思想,将自己隐身于芸芸大众之间。毕竟"枪打出头鸟",你的大声疾呼招来众人的注意,小心出师未捷身先死,成为又一个牺牲品。

古人说:"达则兼济天下,穷则独善其身。"如果你还没有达到前者的境界,那么请先明哲保身,为所有关心你爱护你的人着想吧。所以,有时候有些话是不应该说的:

如果大家都在称赞一个人,哪怕你对他很是不屑,也请你不要说话,因为你的声音改变不了事实,反而会戴上嫉妒的帽子。

如果大家都在批评一个人,哪怕你对他很推崇,也请你不要说话,因为你难以迅速改变人们根深蒂固的印象,反而会被划做臭味相投的一种人而遭到疏远。

如果大家都在做一件事，哪怕你觉得这样做是错误的，也请你不要说话，因为你并没有力量去阻止这么多人，说出不该做后只会落得"做也不是，不做也不是"的下场。

如果大家都已经决定了怎么做，哪怕你觉得这个决定不对，也请你不要说话，因为你一个人的力量未必能改变这个决议，反而会被有些人怀恨在心。

## 移花接木，将问题转移

金庸小说里慕容世家的功夫叫作"斗转星移"，古龙里面也有相似的功夫叫作"移花接木"，二者的原理就是能将别人的功夫转为己用攻击敌人，自己从中轻松取利，而不必自己汗流浃背地出手。

这样的功夫同样可以用到生活当中。有时候你需要对某人说某事，可是这件事恰好可能得罪对方。比如，对着任人唯亲的老板说公司制度不够完善，对着日益肥胖的女朋友说你需要减肥，你最好借助一下别人的力量，让他们代替你去说这番话，免去你直言带来的后果。

可是世界上未必有那么凑巧的事情，没有人是你肚子里面的蛔虫，不可能有人就如此善解人意知道你想说什么想干什么。何况就算是有人明白你想要干什么，那些得罪人的事情你不干，难道别人就乐意去干？

这个时候，要靠的还是自己。靠自己的意思不是自己跑到跟前竹筒倒豆子全部说出来，而是像那些神奇的功夫一样，自己加把力，却把攻击和被反击的责任转嫁到别人头上。比如，小穆很不满今年年底没有奖金可拿，可是就这么跑到老板面前

说什么应该发点年终奖，那可真是找死。不过话总得说出口，小穆只能用语言来表达。

小穆趁着和老板一起散步去吃饭的机会说："老板，最近公司里有些情绪，关于年终奖的事情。"

"什么情绪？"

"他们很不满意今年没有年终奖，说大伙累了一年，怎么到了年关却连肉都吃不起。他们说的话有些难听，我就不一一说了，总之要是不好好解决这个问题的话，我想他们很容易消极怠工甚至集体跳槽，到时候就不好收场了。"

## 高手点拨

### 责任不要一个人揽

什么事情都用"我"字开头，那么所有的后果都会由你来承担，其中不乏负面因素，小心你白白为他人做了嫁衣。将说话内容的责任转嫁给他人，自己扮演一个中立转述者的角色，既可收取讲话内容所产生效果得到的实惠，又不必将自己搭上关系，实在是一举两得。

老板答应回去考虑一下，顺便表扬了小穆及时通报消息的忠心。

好一个"他们"。这个第三人称轻轻松松地将自己划分在这个不满人群之外，推卸掉了所有的怠工和拜金的责任，反倒将自己放在了和老板的统一战线上，有着一家人一起对付外人的感觉，叫老板怎么能不看重小穆？

当然,这里所说的用语言转移责任,说的是为了争取应得的福利而采取的策略,并非是以损人利己为前提的。这不能与自己做错了事,而找个人当替罪羊的做法同日而语,那种做法显然是一个诚实的人、一个想成大事的人所唾弃的。

# 说话，要因人而异

　　"一种米养百样人"，人们思想不同，喜好各异，想要一招半式就走天下，那是举步维艰的。这就决定了我们不能用一成不变的说话方式与之交流，应该见什么人说什么话。说话也是如此，需要因人而异，否则你是达不到传说中那种至高的处世境界的。

---

## 把话说到别人心窝里

　　同一件事情，不同的人有不同的看法，"各是其所是，各非其所非"，很难形成统一的意见。所以遇上个能把话说到我们心窝里的人，我们就会觉得相见恨晚，大呼"理解万岁"。可不是每个人都有那么好的运气，大多数情况下，别人不一定能够理解你的做法。

　　老同学婚礼，你需要加班，如何请假？你觉得友谊重千金，肯定要亲自去送上一份祝福，而老板却认为你不过想逃避工作去吃喝玩乐。

　　朋友向你借钱做生意，你觉得应该慎重，帮他考虑了种种风险，朋友却未必领你的情，轻则厌烦你的啰唆，重则怀疑你不把他当朋友想找借口拒绝。

　　追求者示爱，你直言没有共同语言，对方却认为这只是借口,继续纠缠不清。

明明说的都是真诚的话,为什么对方就是听不进去呢?那是因为大家性格不同,思考方式迥异,再加上站的立场不同,你们的想法自然南辕北辙,你的种种苦衷自然不能引起对方的共鸣,双方说得再多也都是对牛弹琴。

面前一把锁,需要的是能契合其齿孔的钥匙。你手里的钥匙就算是镶金缀玉,也未必塞得进去。因此,想要对方理解你,就不能拿着自己的想法当宝贝,成天想着如何让对方听得进你的话,而要想想对方心里到底想听什么话。前者想要改变的是一个人,难于上青天;后者只是要改变一下你的说话内容和方式,后者操作起来得心应手。

把话说到别人的心窝里,首先就要想想对方想要听到什么样的话。所谓"君子喻于义,小人喻于利",如果你对重视品德的人大谈金钱万能,对重视利益的人畅论舍生取义,就算你说得口干舌燥,也只会招来鄙视和讪笑,没一点儿效果。

摸索出了对方的喜好,接下来的就是依葫芦画瓢,将自己的话塞进这个模子里面,做出对方喜爱的样式。老板希望看到的,无非是滚滚而来的利润,进而扩大到制造利润的人——员工的努力和进步。他不希望你将时间花在吃喝玩乐上,却对于你的学习进步很关注。因此,只要你告诉他自己周末报了英语口语班不愿意缺课,或者干脆说周末有个专业证书考试不能缺席,老板自会爽快地放行,并且在今后的日子里对你这个将业余时间花在提高自己能力、有进取心的人很是赏识。

同样,对敢于冒风险的朋友,你与其表现得顾虑重重,不如说自己已经将积蓄拿出去投资,他虽然借不到钱,却会认同

你这种行为，不会影响你们的友谊。

尤其在拒绝异性追求的时候，不妨告诉对方一个能理解的缺点。比如，对迷信的人，就对对方说我们"八字不合"；对崇尚柏拉图式爱情至上的人，就把自己打扮成个拜金主义者，以求从此耳根清净。

秦始皇曾因为害怕六国的间谍，下令将所有非秦国的人士逐出秦国。无数人上书求情，有陈述自己已经以秦国为故土表忠心的，有痛哭流涕为自己评功摆好的，有老弱病残把自己千里流放形容得惨不忍睹的，秦始皇均不为所动。

唯有李斯一篇《谏逐客疏》打动了他，文章以"他国居民来秦有利于秦国国力强盛"为切入点，句句说到了秦始皇的心坎儿上，仅仅八百字就让秦始皇收回成命，比起别人的千行字千行泪，把话说到别人心窝里才有四两拨千斤之妙。

## 到什么山上，唱什么歌

在几何证明题中，我们常常引用"平行四边形的对边平行且相等""中垂线上任意一点到两边距离相等"之类的定理。但是生活却不像几何题那样简单，前提条件瞬息万变，注定没有"放之四海而皆准"的标准可言，因此语言艺术从来没有"一招鲜吃遍天下"之说，能够吃遍天下的唯有"到什么山上唱什么歌"。

心都不往一处想的人，劲儿肯定不会往一处使，这样难免会把对方拉入"黑名单"。

当你初到一个新的环境，自以为引吭高歌一曲"说句心里话"是展现自己的坦诚，却不想别人已经向你投来了异样的目光。古人云:"没有规矩,不成方圆。"古人又云:"人在屋檐下,不得不低头。"方圆之内,你必须按照规定的方式行事。就算你满腔言语如鲠在喉,也要先看看这是什么地段,自己该如何行事,别犯了忌讳。

尤其你新到一个公司,千万别急着来一次新官上任三把火,先收敛点架子看看这究竟是个什么情况:老板脾气如何,同级的同事是些什么人,下属是不是好管理,谁是公司的地头蛇,谁有后台,谁是刺头,谁是骨干,摸清楚了公司氛围,才好慢慢行事。

对有些以利益为上的老板,要和他一起盘算如何扩大利润、减少成本,才会得到他的赏识。必要时你要抛开自己受雇者的身份,为他出谋划策来表现自己的忠心。唯有赢得老板的支持,你在公司才有令出必行的权威,才可以徐图良策。

对彼此存有竞争又需要合作的同事,不妨暂别自己的爱好,一起出入些灯红酒绿的场合,推杯换盏间让他们将你视为自己人。从此有钱一起赚,有难大家扛,在老板眼皮底下结成利益同盟,工作中互帮互助,将麻烦大事化小,小事化无。

对于下属,声色俱厉只会得到默默的反抗,不如放弃所谓的权威,弱化自己管理者的身份,表明自己打工仔的本质。都是吃苦受累受老板剥削的可怜人,又何必让你做钻风箱的耗子?不看僧面看佛面,打工仔何苦为难打工仔。这样他们就会理解你这个夹在老板和他们之间的"夹心饼干"的苦衷,而只要他们努力工作,就说明你的管理有成效。

到什么山上唱什么歌,最重要的就是要有个好记性,千万要分清楚你所处的场合,一个不小心,后果堪虑。你看金庸笔

下的聪明人韦小宝也要让双儿帮他记下来他曾经说过的话:我是皇帝小玄子的小太监小桂子,是天地会青木堂的韦香主,是神龙教的白龙使。他是万万不可说混的,如果他在皇帝面前说他是天地会的香主,康熙会杀了他;如果他在天地会里说他是神龙教里的白龙使,陈近南也不会饶了他;最惨的是如果他在神龙教说出他是皇宫里的太监小桂子,估计蛇岛的酷刑就会加身。所以他要让双儿给他记下来,要分清楚。

正是因为记得清楚分得明白,这位自称天下第一聪明人的家伙才能成功地在康熙面前扮演一个地地道道的奴才,在天地会做一个混混,在神龙岛又变成一个忠心不二的马屁精,幸福逍遥胜过书中无数侠客枭雄、皇亲国戚。

# 小心陷入黑色的圈套

"存在即是合理",在工作和生活中,说话是正常的生存状态。正如美国心理学家派克所言:"我们必须知道自己有愤怒,但我们也必须学会不表达愤怒。"在这里,语言艺术是一种生存的智慧,不过,一旦爱上毫无选择性地说谎,让损人利己的黑色谎言成了统治自己的力量,那么谎言的积极意义就会丧失。因为太爱说黑色谎言的人将无法拨开迷雾,无法认清自己身边的事实。

美国人本主义心理学大师罗杰斯说,没有人可以做到完全真实。所以,我们不必对说谎太苛求。但一定要警惕,不要成为语言的奴隶。

可见,语言艺术虽然有着神奇的魔力,能够解决生活中的种种问题,但是沉溺于语言艺术,却会走向另一个极端。任何事情都有个度,如果超过了应有的那个度,那么你就可能陷入那个圈套中,尝到始料不及的苦果。

## 自以为是容易上当

能够用语言掩饰自己的真实思想, 巧妙地达到自己的目的,不能不说是一种高智商的表现。于是人们在说话的时候,往往会有一种智商上的优越感, 自我感觉良好。可是人一得

意,难免就会疏忽,就容易失去警惕心和洞察力。所以你在说话的时候,也就是你最容易被人骗的时候。

张大妈是个精明的中年妇女,能说会道,尤其在砍价的时候有狠招,能够说得卖主头昏脑涨,常常能以买到比别人便宜许多的东西。

这天张大妈从银行取钱出来,看见一个中年男子神色焦急地站在那儿,不时抬头看看走过的人群,想要说什么又不肯开口,脸色涨得通红。

看见这怪现象,张大妈不由得放慢了脚步,好奇地打量那个中年男子。中年男子看见周围人少,就走过来对着张大妈说:"大姐,我家里有事急着用钱,这里有块祖传的钻石表,你看看愿不愿意出钱买了,让我应应急。"

张大妈一笑,报纸上这种骗人的事情多了,竟然还有人把她当无知老奶奶。于是她脚下步子不停,随口问:"多少钱?"

"只要两万块。"中年男子说,然后又掏出表送到张大妈面前,"您看看,成色是一等一的,只要两万块就好。"

张大妈看看这块表,似乎还是真货,再看看中年男子一脸焦急的样子,看起来不像是骗人。要知道张大妈对自己的头脑可是很有信心的,经过仔细观察,她确认自己真是遇着捡便宜的事情了。

两万块买块钻表,实在是天大的便宜。可是张大妈砍价的习惯又发作了:"我可没这么多钱,要不一万块,我买了。"实际上,她刚取了三万块,钱正放在口袋里呢。

中年男子又哀求了一会儿,张大妈坚持自己只有一万块,还把口袋翻给对方看,最终还是以一万块成交。中年男子恋恋不舍,张大妈却得意扬扬了,自己巧妙隐瞒,一万块买块钻石表,真是划算啊!

当然,张大妈是受骗了。

本来凭她的精明,未必就不能识破中年男子的诡计,在砍价过程中那人破绽不少。可是张大妈沉浸在能够便宜买下钻表的喜悦中,哪里还顾得上仔细观察呢?因此,人最怕的就是自以为是。一旦轻敌,以为对方已经踏入了自己的陷阱中,也就忽略了自己也踏入了别人陷阱中的可能。等到上当受骗了才会蓦然觉醒,可是什么都晚了。

## 幻想别上瘾

语言能化解尴尬,能解决矛盾,能够让你获得好人缘,能够让你在生活中如鱼得水。于是你尝到了甜头,习惯了幻想,爱上了幻想。可是你不要忘了,幻想毕竟和真实有一段距离。再美好的幻想,毕竟也是假的。如果你习惯用幻想来生活,那么很可能会沉浸在那份虚假的美好中不能自拔。

小杨是个内向的女孩,喜欢上了一个朋友,可是羞涩的她不敢表露自己的感情,更不要说敢爱敢恨上演一出女追男隔层纱的大戏。于是小杨只敢在日记里面记录自己的心事,把对方对自己一点一滴的细节记下来:

某月某日,今天早上我在电梯里碰见他,他对我笑,还注意到我穿了新衣服,夸衣服很配我的肤色。原来我在留心他,他也在留心我。

某月某日,他在 QQ 上说我很有思想,看来他是懂得我的人。

某月某日,他说有空请我吃饭,这是不是打算正式开始追

求我呢？

某月某日，他问我觉得某个楼盘好不好，是不是暗示我说买这个房子要作为结婚用房呢？好激动，我很喜欢那个楼盘，如果今后一起住那儿就太幸福了。

情人的心是敏感的，以为对方的一举一动都是为己而发，为平常的举止赋予了太多的含义。如果两情相悦，这倒也是生活的甜美添加剂，有助于恋爱的和谐。就算是暗恋，也算是给自己一个甜蜜的谎言，不至于因为失望而伤心。

可是幻想太美，却容易让人如吸食鸦片，欲罢不能。上文中的小杨就在自己的浪漫幻想中，将对方塑造成了一个喜欢自己却不敢表白的人，想象他随时随地在暗恋留意自己，想象他是个懂得自己欣赏自己的人，将对方的所有举动都赋予这样的含义。

其实对方只把小杨当作普通朋友，言谈举止没有任何过分之处。可是小杨在自己对自己的谎言中越陷越深，越来越沉浸于想象对方对自己的深情，逐渐模糊了现实与虚构的界限，最后竟然心理出了问题，患上了妄想症。刘德华的超级粉丝杨丽娟其实也是这样的心理病患者，出于对偶像的狂热喜爱，开始在心中演绎自己和偶像的故事，最后让幻想骗倒了自己，成为精神病患者。

所以，幻想虽好，却不能上瘾，因为毕竟是虚幻的东西，和现实没有联系。如果一个人常年沉醉于白日梦中，往往就会养成逃避现实的习惯，不愿意去正视生活中的问题，失去通过自己的努力创造美好生活的信心和动力，最后只能在自欺欺人中越陷越深，成为一个废人。

可见，幻想要有度，别上瘾。适当调节心情，偶尔的阿Q精神是可以的,但不能用来解决实际问题;沉溺于虚幻,用幻想来躲避现实,那是绝对不行。

## 说谎其实很累

歌手张宇唱的:"说一个谎言,圆一个谎言,我们爱得多么危险。"虽然感叹的是男女之情,却道出了一个事实:再完美的谎言都可能出现漏洞,需要用其他谎言来弥补。

林肯说得好,你可以在一些时间欺骗所有人,也可以在所有时间欺骗一些人,但是你绝对无法在所有时间欺骗所有人。因为谎言毕竟是虚构的,甚至在大多数时候是急中生智而来,通常缺乏周密的构想和计划,所以绝对不可能像现实一样前呼后应,完美无缺。

所以当我们说一个谎言的时候,为了弥补谎言的漏洞,不得不又说另一个谎言,然后再用其他的谎言来弥补谎言。就这样补丁加补丁,为了让谎言不被揭穿,必须小心翼翼地过日子,当然很累了。

▶高手点拨

### 说谎前,三思为妙

说谎不是空口说白话,它也是有成本的,一个牵扯过大的谎言会在后期消耗你大量的精力和心情,到头来有可能得不偿失。因此,谎言出口前需要三思,这个谎能给我带来什么,我现在需要付出什么,有没有后遗症,到底值不值得讲?

语言艺术虽好,但是如果你习惯用这种方法解决生活中的一切矛盾,特别是损于诚信的话。那么太多的陷阱会使生活时时刻刻都变成战场,需要提心吊胆,甚至毁掉了原本看重的东西,得不偿失。

# 第3章 24个场景下的说话之道

　　在复杂的人际关系中，我们常常会遇到一些尴尬和冲突的事情，往往难以启齿，又无法回避，这时语言艺术就是化解尴尬的最好利器。圆融的语言，表达得当，海阔天空；出言不慎，麻烦不绝。把握其中的奥妙、技巧和原则无疑是关键中的关键。如果你真正掌握了运用之妙，你就会在工作和生活中如鱼得水，纵横捭阖，步步全赢！

# 场景 1:有人忙中添乱,用合适言辞说"不"

你是不是觉得自己每天都很忙,可是却劳而无功?是不是觉得上班时间老不够用,每天晚上总是加班处理,身心疲惫,可是工作还是不如同事完成得快?

工作没有效率,有很多的原因,有内在的和外在的。内在的原因比较好解决,注意工作的轻重缓急,有个优先顺序,把最重要的事放在首位就可以了。但是外在的原因就比较难把握,比如说外界的干扰,你正忙的时候,公司的同事过来善意地打扰你,你如何对待呢?一个"不"字,怕是不好说出口吧?

因为一个简单的"不"字,人们却喜欢赋予它多种含义:鄙视、不给面子、不重视我……但碍于情面不把这个"不"字说出口,我们就得忍受别人忙中添乱,浪费我们时间的后果。所幸在白色谎言的包装下,这个"不"字有了不止一种说法,我们可以根据情况选择最适合的一种。

---

## 无暇喝杯咖啡的"大忙人"

有些人一忙起来就忙得无法停下来,甚至连朋友约他喝杯咖啡的时间都没有。畅销书《咖啡》一书讲到的职业经理人比尔·泰勒就是这样一位"大忙人"。比尔每天忙得焦头烂额,没有时间陪妻子和孩子,每个周末都想着加班,拼命地想要把工作做好,但他发觉工作越来越没有头绪。同事、下属故意跟他作对似的,留给他解决不完的问题,他非常烦躁又无计可施。

都市生活的快节奏,使我们经常听到的抱怨是:忙。但是要仔细问起朋友忙了点什么, 似乎没多少人能说清自己到底在忙些什么,总是得到"忙工作啊""上班忙死了""就是那些事情呀"这样笼统的答案。可是再深究一下这些笼统的答案,大家就卡壳了,谁也说不出自己的工作到底为什么忙,因为似乎摆在桌面上的工作就是那么数得清的几样, 以自己的效率完全可以在上班时间内完成, 根本无法将压榨员工休息时间的帽子扣到老板头上。

可是为什么纸上谈兵头头是道, 落实到实际生活中就手忙脚乱呢?每个人的原因各不相同,但有的人就是因为身边有太多为你忙中添乱的人,让你的时间管理计划宣告破产。

譬如你计划今天写个五六千字的策划案, 结果刚整理思维下笔,有点口渴,便拿着水杯去茶水间接开水,就听见一个办公室的同事说,帮我也来一杯。你不好推迟,可刚接过杯子,不想此起彼伏地响起几个声音:"还有我的""那边那个红色的杯子,旁边是茶叶,沏浓一点""帮我来杯咖啡吧"。

你正想推辞,被一阵抗议"厚此薄彼"的声音淹没了。开水有限,等到接完开水又冲好咖啡、泡好茶,送到每个人的位置上后,时间已经过去半个多小时了。

打开邮箱,又看见一连串的内部邮件,没什么大事,不是要这个资料,就是问那个问题,忙活好一阵解决了,时针已经

指向了十一点。

　　刚写了个标题，列了提纲，就有同事招呼大家一起去吃饭。吃了饭你想回来赶工，却不想大家要饭后散步，非拉你一起去，等到散步结束回到公司稍作整理，已经下午两点正式上班了，你没抢到一点时间。

　　下午开始没人打搅，可是就在你写了1000多字的开头刚感到顺手的时候，财务部的同事跑来发这个月的补贴，大家边签字领钱边议论最近粮油肉蛋的全面涨价。由于你的座位靠门，财务部的同事就站在他那儿发钱，出于礼貌你不得不和每一个交谈的人说话，时间一下子就溜走了。

　　就在下午四点，你打点起精神要在下班之前完成任务的时候，同事又叫你开会，但这是一个和你无关的项目。可是同事坚持要你旁听提点意见，于是你只好放下手头的工作。

　　开完会已经是下班时间，大家一哄而散，你却不得不开始了加班生涯。就在要完成工作的时候，同事打来电话说要你帮忙找一个数据，你只好起身打开同事的电脑。由于你对同事的事情不太熟悉，结果忙了半天也没有效率，一看时间已经是晚上十点了，你只好无奈地关机。走出写字楼，看着满天的星星，你心情低落地想：明天，又得来加班了吧。

　　这是不是你每天的真实写照呢？你是不是也曾遭遇过精神百倍地想要专心工作，却被一件又一件的小事打断，最后不得不加班加点，耽误了自己的休息和娱乐时间？如果是，那么你就需要学习一下时间管理，学会用语言艺术去拒绝那些讨厌的骚扰，让效率得到保证，让工作计划得到真正的执行。

# 用语言捍卫"请勿打扰"的时间

在工作中,难免会碰到同事前来寻求帮助的情况,特别是对于管理者,下属对你的打扰是天经地义的事情。但是,有些人不懂得"拒绝",结果不仅未能完成任何重要的事,而且荒废了一天中最佳的时间。

据估计,在许多公司里,一般工作人员的工作平均每八分钟就会被打断一次。如果每八分钟就不得不停止一次工作,然后再回到这项工作上来,那我们怎么能有效率呢?因此,为了大大地提高自己的效率,只需每天安排出一段"请勿打扰"时间。而把这段时间和充沛的精力,用来完成你的首要任务。

在这不被打扰的时间内,可以完成相当于在一般办公室环境中两小时所做的事情,而且做得更好。几乎每个人都会同意这种说法,不足为奇。这段"请勿打扰"时间,应该安排在一天中你精力最充沛的时候,这不一定就是一大早。对有些人来说,可能是在中午之前或下午晚点的时候。反正什么时候你感到最清醒、情绪最高昂,你就把这段时间定为"请勿打扰"时间。

经典的东西之所以称之为经典,是因为它们经得起时间的考验,它的道理是放之四海而皆准的。我们都知道,《孙子兵法》和由此总结出来的《三十六计》不仅适用于当时的军事中,同样适用于现在的商场以及生活的各个方面。在这里,同样可以活学活用其中的六计,用白色谎言轻松赶走别人的骚扰。

□ **第一计:瞒天过海**

有些小事你简直不敢做,一旦做了,整个公司的这件事都

会叫你做。比如上文中的吴书倒水就是一个典型的事例。如果你每天花上几十分钟帮人端茶倒水，出去买便当，那么你的时间就会白白损失掉几十分钟，而且不会有任何额外的回报。可是直接拒绝，就会被戴上小气鬼的帽子，那怎么办？

你可以运用"瞒天过海"之计，用鲜明的主题——我要下楼去发一份传真，以此掩饰自己的真正目的。如此，同事自然就不会开口请求。就算真的开口，你也可以理直气壮地告诉他："我正急着办事，不好意思，你自己去吧！"反正你是在做正事，对方也就不会觉得你是故作姿态了。

## □ 第二计：调虎离山

同事非要拉你一起做浪费时间的事情，最好的方式不是直接拒绝，而是让他自己收回这个邀请。谁的工作不是一堆事情？你只需要巧妙地提醒他一下："刚才老板说想要快点看到你那份报告。""研发部等你的调研数据已经很久了，刚才还在厕所听见他和同事抱怨呢。""你上厕所的时候我接到客户电话，问起你的方案怎么还没写完。"这样就可以让他把休闲的心思立马转到工作上，就算是你拉他去玩也不肯了。而这些小道消息，谁又能查证是不是事实呢？

## □ 第三计：金蝉脱壳

有时候你不得不参加一些根本就是浪费时间的会议，明明心里又气又急，表面上还要做出专心致志的样子。没关系，人在曹营，心一样可以在汉。

你大可以自己干自己的事情，表面上依旧维持专注的样子，免得浪费宝贵的时间。你可以将视线放在主讲人的身上，不时点头、微笑，或者皱眉，仿佛正在思考他所讲的问题，实际上呢,你早已经分心,全部心思放在了自己的工作上,趁这个无人打搅的机会整理着思路。

你也可以假装很认真地做着笔记,实际上把笔记本当作草稿纸写着你自己的策划或者思路;如果是对着电脑开会,你大可以打开自己的工作文档进行工作。如果对方在电话会议里面长篇大论,你可以选择用免提键或者一边肩膀夹住话筒,腾出双手做自己的事情。

### □ 第四计:反客为主

办公室有个喋喋不休的同事可真令人头痛,因为他随时可能拉你去进行一次长谈,只见他唾沫横飞,不知道什么时候才会结束。

这种人多半有着强烈的表演欲,希望成为目光的焦点,希望获得别人关注和羡慕的目光。这时候你要做的,就是用虚拟的话题抢过他的风头,让他自己感到没趣而结束话题。

你买了房子?好吧,我就大谈特谈自己朋友买了豪宅。

你买了车子?好吧,我就夸耀一番自己的汽车知识,顺便说点儿你不知道这个牌子车子的缺点,反正编造的缺点你也不可能去检查。

你知道公司的一些小道消息?好吧,我也神神秘秘地编造些更具有轰动性的新闻,反正你也不好意思找当事人查证。

你想说点儿行业内幕?好吧,你知不知道哪个公司都有我的熟人和朋友,我的老同学还是某某公司的老板,消息怎么都比你权威吧。

编造吧,用语言压住这个家伙的风头,等他感到意兴阑珊的时候,你就可以主动结束话题了。

### □ 第五计：暗度陈仓

同事托你办事，没问题。但是不一定要放下手头的工作马上就去做。当然，如果别人看见你答应帮忙却还没有行动，心里自然着急，甚至生气，因为每个人都会把自己的事情当作最重要的，将你的合理安排视为怠慢。所以当着面，你可以做出立马就着手干的样子，边做边问清楚这件事情的重要性，对方到底需要在什么时间得到这件事的结果，然后让他放心地离开。而你自己就可以重新开始自己的工作，直到完成最紧急的事情后，再将时间分配给这些并不紧急也未必重要的事情。

### □ 第六计：三十六计，走为上计

当你深陷于一件浪费时间的事情不能自拔的时候，你需要的就是果断地离开，把时间花在更有意义的事情上。可是就这么抽身走开似乎不太礼貌，那么你就需要一个合理的借口。

一个同事在你的座位旁边长篇大论、喋喋不休，让你根本没法专心工作，你可以捂着肚子露出痛苦的表情，一边嘟囔着说又吃坏了肚子，跑去洗手间。等几分钟你回来后，这位同事肯定已经不在你的座位上了。

你把文件拿给其他同事，同事却摆出一副长谈的样子拉着你不肯走。你可以故意摸摸手里的东西，用遗憾的表情说我还要把资料给其他人拿去，下次再聊。下次？下次还早着呢。

有人在工作时间想和你煲电话粥，你需要做的就是做个手势让同事给你的手机打个电话，然后让铃声传入话筒，用万分抱歉的语调告诉对方你需要去接另一个电话，告诉他自己一会儿再打给他，然后你就会听到意料之中的那句话："我没什么事，你去忙吧，不用回电话了。"

# 场景 2:维护面子,语言艺术最有效

俗话说得好,"树活一层皮,人活一张脸。"对于很多人而言,面子向来是个大问题。"死要面子,活受罪。"说的就是这些。当然,面子问题也是因人而异的,有的人的面子观念就比较淡薄,他们觉得面子根本就不值钱。

面子到底重不重要,值不值钱,我们姑且不论,但就国人的现状而言,真正不在乎面子的人寥若晨星。他们把面子看成了天大的问题,因为面子问题关系到一个人的尊严、一个人的价值。所以相当多的人,宁愿选择"活受罪",也不能失了尊严。

面子既然如此重要,丢了自然是很尴尬的事情,如果你在与人交往中,懂得处处维护对方的面子,一定会让对方心怀感激,从而获得好人缘。然而,为了维护面子,一些无伤大雅的小谎却是必不可少的。

## 没有面子,就无法面对

一辆破旧的老爷车停在饭店门前,车身上生满了锈,水箱没有盖子,蒸汽直往外喷,车篷早已脱落。车主对一个流浪汉说:"我要打个电话,请你帮我看一下汽车好吗?"

对方答应了。

事后车主想要酬谢流浪汉,问他要多少钱。

"500元。"

"什么?这简直是抢劫吗!我才去了三分钟。"车主大叫。

"先生,这不是时间的问题,而是关系到本人面子的问题,过路的人都以为这破车子是我的。"

一个乞丐都要面子,可见人们对自己面子的看重。这虽然只是一个笑话,但同样反映出人们对面子的看重程度之深。对中国人来说,"面子"是个特别重要的东西。"饿死事小,失节事大。"在很多情况下,这个"节"指的不是"气节"而是"面子"。有一句老话说"人活一张脸,树活一张皮",意思就是说人要是没了面子,宁可不活了。

国人爱面子的传统早已深入人心,但它并非中国人的专利,外国人同样死要面子。据意大利志愿心理学家协会"帮帮我"的统计,有一年竟有300万意大利人向亲友谎称外出度假,而实际上却隐藏在家中。他们在冰箱里塞满食品饮料,适当调节空调的温度,打开电话录音,放下百叶窗——仿佛真的去度假了。这些撒谎人由于手头拮据或其他原因,无法像其他人那样欢度美好假日。可又出于面子,不愿在他人面前示弱,就采取了这种荒唐的做法。然而,要想充胖子就得以打肿脸为代价。离群索居的孤独和度日如年的乏味,就是那些假称去天涯海角度假的人为换取"羡慕目光"所付出的牺牲。

凡此种种,无不说明人们对面子的重视程度之大。所以,针对好面子的人,我们要懂得给他面子。有时,给人面子,其实就是给自己面子。在人际交往中我们如果不注意到这一点,那么很可能为我们的生活埋下种种隐患。

　　小周聪明伶俐,思维敏捷,业务能力是顶呱呱的。可是不知道为什么,他在公司的人缘很不好,每次人力资源部作团队合作之类的测评,小周的得分总是很低,为此还丧失了一次升职的机会。究其原因,就是因为他不注意维护别人的面子。

　　办公室的小姑娘穿了一身新衣服来上班,大家都说好看,小周却冷冷地说一句:"最多 50 块,批发市场的货色,质量不好,洗几次就变形了。"说得人家小姑娘当场就脸红了。小周偏偏不依不饶,还说了一通什么买廉价衣服显得整个人都不上档次,是没品位的人才干的事情之类,差点没把小姑娘气哭了。

　　中年大姐买了件昂贵的衣服,这可挑不出问题了吧?可是小周却又说什么这件衣服不适合你,一看就是给年轻人穿的,你凑什么热闹,说得一直觉得自己保养得还不错的中年大姐脸上一阵红一阵白。

　　也有人烫了发显得特别年轻,小周凑上去说我们是不是该有点职业形象,别看上去和街上的洗头妹一个档次,人家客户还以为我们干特殊职业的呢。

　　至于工作,因为是小周的强项,说起话来一点不留情面,不是说这个没弄清楚原理,就是说那个走了弯路,常常把别人辛苦做出来的方案贬得一文不值。

　　这样的脾气,怎么可能受欢迎?可是小周也许会说委屈,自己说的难道不是实话?可是实话并不一定就是该说的话,大众面前要给人面子,才能让对方心存感激。如果你什么时候都显得高人一等、盛气凌人,动不动就搞得别人颜面尽失,那么你要怎么发展你的人脉,怎样在成功的道路上得到更多的助

力,而不是阻力呢?

## 莫揭短

哪个人都希望自己英明神武,做事百分之百完美。问题是谁都会做错事,当事与愿违的时候已经是一种失望,如果还要面对因为自己的愚蠢而导致这个结果而招致嘲笑的后果,那么谁都会不乐意,甚至将自己的失落怨恨转嫁到指出这个原因的人,将自己遭到嘲笑的罪名归结到对方头上。所以想要有一个好的人际关系,首先就要记住不能随便揭人的短,反而要注意维护别人的面子。当别人下不来台的时候,适当地帮衬一把,将造成这个后果的责任推卸到其他人身上,减轻对方懊悔和羞愧带来的压力,那么你将得到对方的感激。

一个人明明是因为自己太过贪婪,被骗子的小恩小惠迷惑,结果被骗光了积蓄,你去安慰他说骗子太可恶,绝口不提他自己的原因,他会很高兴和你一起谈论这件事,从此同仇敌忾。

结局总会有很多种原因,只要你避开其中对方的原因,夸大另一方的责任,也就挽回了对方的面子,赢得了他的感激。

## 批评之前,先打预防针

有时候你想给对方留面子,那些批评的话不准备说出口,可是对方实在是不争气,害得你不得不开口教训一下这个扶不上墙的阿斗。但你是明白批评这种事情是吃力不讨好的,怎么办?用语言艺术打造一颗糖衣炮弹吧。哪怕你面前的家伙再无能、再蠢笨,你也要为他杜撰一点优点,灌点迷魂汤让他飘飘然，再说出你真正要说的话。这仿佛就是打针之前的麻药，使得针扎下去不那么痛。

如果没打任何预防针，难听的话就已经脱口而出，那么你一定得在对方拉下脸来之前补救。别等他开口，自己找点理由帮他开脱，然后话锋一转，开始夸奖他做得对的地方，让他来不及生气就高兴起来。

反正训一顿是丢面子，夸一顿是长脸。你训了他也夸了他，在他的心里就是将功补过，也就不会怨恨你丢了他的面子了。

# 场景3：搞定"鬼老板"，非得"鬼办法"

"无论是员工，还是老板，都可以'炒'对方的鱿鱼，但通常情况下，员工被炒的可能性更大。"这是美国著名的职业指导专家鲍比·威斯汀说过的最令人感触万分的话。

在职业生涯中，每个人都会遇到各式各样的老板，有的专横跋扈，有的自私自利，有的刚愎自用，有的任人唯亲……这是职业人士最不愿碰到的"鬼老板"，但不管是什么样的老板，我们选择的余地都很小，因为任何一家企业公开让你选择的只是空缺职位，却绝无可能让你来选择老板。如果你不幸遇到这样的"鬼老板"，你能做的唯有以牙还牙，用白色谎言的"鬼办法"对付"鬼老板"，维护自己应得的利益。

## 搞定你的黑心老板

随着身份的不同，同学会的主题有着鲜明的变化。大家都还在读书的时候，话题无非是考试和恋爱，最多议论几句毕业后的就业问题。到了毕业找工作，话题就变成了哪家公司在招人，待遇如何，面试要问些什么问题。等到在社会上混了几年，人也不那么天真了，聚会就变成了对老板的声讨会。哪个打工的不是一肚子苦水？难得有亲密可信的人聊聊，和同处于水深火热中的兄弟交流，也算是减压的一种方式。

袁新就讲了他在公司所遇到的不平事。

当初他一毕业就进了这家公司，兢兢业业几年，连一次迟到早退也没有，加班加点是常事。本以为自己这么拼命老板应该论功行赏吧，可是到了现在还是个小职员，既不加薪，也没升职。

上次公司技术人员突然跳槽，走的时候也没做好交接工作，整个项目几乎要停顿下来。全靠袁新一个人顶着做好切换，项目才不至于返工，总算顺利地做了下去。要知道那几天袁新忙得连家都没回，饭也是匆匆只吃几口。

那时候老板对袁新可是当个宝贝，因为他不回家，老板专程送来被褥枕头让他在公司能好好休息，并且承诺年底给他一份大大的红包。说老实话，袁新当时那样拼命也就是看在这承诺上。

可是到了年底，袁新除了双薪外一分钱没有多领，老板也什么话都不找他说。袁新生气了，觉得公司没有待下去的意思了，琢磨着要跳槽。可是现在新东家找好了，老板却不批准他的辞职，一拖再拖，新公司又在不断地催促去上班。袁新找到老板说了几次，最后老板竟然翻脸威胁袁新说，要走的话就要扣下上万元的培训费。

说到这儿，袁新的同学叹了口气说："你知足吧，好歹老板也是把你当人才留着。我呢，至今还是个临时工。"

同学到这公司是冲着高收入来的。可是忍受了长达一年的试用期低工资后，到现在还是没有任何人找他们谈转正的

问题。要知道事业单位,是正式员工还是临时工其待遇可有天壤之别。要不是当初招聘说了可转正式工,就凭这试用期工资,绝不可能有这么多人来应聘。

可是现在这批招来的员工待遇和工作问题没人管,找到几个领导也是互相搪塞,害得一群人走也不是,不走也不是。

黑心老板到处都是,王亮也讲了一个。他在公司打工这么久,公司至今没有为员工缴纳任何保险,把《劳动法》规定的"五险一金"当作空气。有员工找到老板谈这个事,老板竟然摆出一副无赖嘴脸:"我反正是不会交保险的,因为我觉得我开的薪水够多了,你们就值这么多钱。要是嫌少,门在那边。反正现在大学生不值钱,大街上一抓一大把,我不缺人干这点活。"气得有脾气火暴的同事立马就把员工证丢在老板桌上离开。王亮做不到这么干脆,要知道外面工作不好找,可是想到自己就这么被剥削,心里就是一阵发堵。

每个人都可能遇上这样的黑心老板,不兑现承诺,扣留员工档案,肆意延长试用期,不给员工缴纳应有的保险。这些人往往脸厚心黑,你和他讲道理那是"秀才遇到兵有理说不清",一不小心就可能吃亏。尤其是打工者永远处于弱势的一方,遇上这样的事情只好自认倒霉。

可是打工者的权益就真的无法维护吗?那倒未必,关键在于,我们要懂得抓住老板的软肋,去应对黑心老板。比如说,我们可以利用老板对待传媒的心理来搞定"鬼老板"。

老板们一方面希望多多增加出镜率,为自己的品牌吹嘘吹嘘,一方面又害怕自己的龌龊事被曝光,恨不得把媒体当作神仙供奉起来。如果员工遭遇不公正待遇被媒体知道宣扬出去,那是老板最怕的事情之一。可是记者们也不是闲人,世上每时每刻都在创造着新闻素材,没有点交情,未必会来理会你和老板的纷争。

因此,有人给袁新的同学出主意说要他去找媒体维权,可是袁新看看自己的通讯录中,找不到一个和媒体沾边的人,自己就这么用打热线电话投诉的方式, 恐怕等到下辈子也不会有回音。最后他想到的办法是:

这天,公司前台小姐接到一个电话。

"您好,这是×××公司。"

"你好,请帮我接你们老板。"

"老板正在开会,请问您是?"

"我是晚报的记者, 听说你们公司有故意延长员工试用期,不按照劳动法规定转正的事情?"

"没有,记者同志,我们公司没有这样的事情。"

"但是我们的消息来源非常可靠, 已经采访了当事人,现在需要采访一下你们老板。既然他现在很忙,那我明天再打电话好了。"

前台小姐连忙把这件事情转告给老板,老板一惊,难道有人把事情捅到了媒体?算了算了,快转正吧,工资又不是自己掏钱,可要是上了媒体曝了光,上级可是要追究自己的责任。不久,袁新同学那一批员工全部转正,收入有了大幅度提高。而那位神秘的记者,再也没有打过电话来。

## 搞定鬼老板,要因人而异

古语道:"嫁鸡随鸡,嫁狗随狗。"你选择了老板,同时也选

择适应老板。爱飞的老板,你得陪着亮亮翅膀;爱游泳的老板,你得扑腾几下……总之,你的老板是哪种性格的人,你就得用相应的方法去适应他。只有这样,你才能影响你的老板,才能使自己的才能得到充分的发挥。

比如有的老板喜欢没事也泡在办公室里。他个人认为那是一种现代人的感觉,即使效率极低。这种情况,即使老板不曾开口,你也要常常陪陪他。影响他,或者找个高效率的老板让他对比一下,使他自惭形秽,然后思过。还有一种老板喜欢晚上开会,越晚越好,每次把下边人开得眼圈发黑,他心里则暗自得意。这时你就得练就一身夜场的本事,否则在昏沉当中,不小心把老底都抖了。

如果碰上老爱抢他人功劳的老板,你除了愤愤不平外,可能还会觉得沮丧不已。此时若直接向老板哭诉,可能不会改变既定的局面,反而会落个搬弄是非的嫌疑;百般忍让只会更加助长小人的气焰;以牙还牙地互相报复换来的将是无休止的办公室争斗。更惨的是,如果你愤而离开,想另谋高就的话,在大家都不知情的情况下,这种上司很有可能"猪八戒倒打一耙",会给你贴上能力不足、绩效不佳的标签,影响你以后的职业生涯。

手足无措之际,建议你不妨先忍耐一时,等待事过之后再说明原委,或者将此经历默默地藏在心里,以后及早提防。当然最好的办法是积极应对,采取防范措施,来捍卫和维护自己的利益。下面例子中的做法就值得借鉴。

高手点拨

## 被动跳槽，不如主动应对

有人把职场比喻成动物凶猛，而老板无疑是属于猛兽类，不是老虎，就是狼。种种说法，不无道理。但我们要知道，老板毕竟也是人，人性共有的品质和缺点，他们都具备。与其不停地跳槽，重新选择老板，不如想办法应对。不管什么样的"鬼老板"，总是有办法应付的，关键在于你是否用心。

丽娜在某厂做宣传工作的时候，因工作特别出色而引来其他同事的嫉妒。她的顶头上司也害怕有一天丽娜会取而代之，就特意规定科室人员不得随意越级汇报工作，不管什么事情，都得先向她汇报，再由她向主管领导汇报。

有一次主管领导想单独给丽娜安排一项工作，但她的顶头上司竟说丽娜有别的工作要做而阻止了。丽娜要想在企业有所发展，必须得到主管书记的认可才行，而她的顶头上司就像一只"虎"拦在了她和领导之间。

怎样才能避开这只"虎"呢？不久，企业主管部门安排业务骨干外出培训，点名要丽娜参加。因为外出培训安排了不少旅游项目，很多人都愿意去。但丽娜却主动把这个机会让给了她的顶头上司。这样，丽娜终于有机会可以在领导面前露一手，主持了半个月的工作，其才能得到充分发挥，备受领导赏识。之后不久，她就被调到厂办公室当副主任兼厂长秘书。

在职场中，由上而下逐级安排和由下而上逐级汇报是一般

的工作程序。但当你的才能过于突出，有取代你的顶头上司的可能时，上司往往会抱着"潜龙勿用"的态度，处处压制你。这样，你的事业就会受到限制，只有越级汇报工作或者越级表现自己，你的才能才会被上司的上司发现，为改变自己命运做好铺垫。

再比如针对太务实的老板。所谓务实，就是凡事都喜欢亲力亲为，即使自己不擅长的事。对待这样的老板，最好让他撞撞南墙，让现实和挫折给他下马威。总之，只要用心，任何老板你都可以搞定他，只是方法要因人而异。

# 场景4:加薪口好开

"我的,我的,我的,我的……"如果加薪能像《海底总动员》里的海鸥那样理直气壮地说出来,也许我们就不用再为和老板谈判而烦恼。然而事实上,老板是老鹰,我们是小鸡,在老板对面谈加薪往往是"有口难开"。即使开口,也是惴惴不安,觉得极不自然,结果不但加薪未成,而且还会被老板数落一通,更有甚者,顺势就被老板炒了鱿鱼。

究其原因,大多数是因为要求者表达方式不对,或者是加薪理由不充分。如果用对方法,加薪的效果就会大不一样。

## 加薪,口为何总是难开

每到年底绩效考核的时候,整个公司的人都开始盘算起小九九,员工成天想着怎么和老板谈谈加薪的事情,而老板却在盘算怎么打打太极拳,免得凭空增加一笔用人成本。

薪酬,永远是企业的敏感话题,是老板和员工间的一场"切皮带肉"的博弈。虽然许多职场励志书中老是说老板、员工是一体的,只要齐心合力赚钱,报酬自然会一起水涨船高的。可是从生意的角度来看,员工工资高了,无疑就会增加成本。

就算老板知道用高薪留住一个能干的优秀员工是非常值得的事情，但是能省下一点是一点，你不说，许多老板就装糊涂，避免进一步增加用人成本。

对于员工来说，加薪仿佛是一段无从表白的暗恋，是一个内心盼望却又难以启齿的话题。开口谈加薪，如果老板点头自然是千好万好，可是万一不成，结果就很尴尬了。

开口加薪不成，绝对会给老板留下负面印象：好高骛远啊，没有自知之明啊，出尔反尔啊。每一项都是职场的大忌。一旦在老板心里留下这样的印象，自己在公司的努力就可能白费，晋升的可能性更加渺茫，何况还有更糟的可能。

陈远来新公司工作有一年了，想想自己一年来没有功劳也有很多苦劳，加上物价飞涨，这工资怎么着也该提一点吧。可是等来等去，就是不见老板有动静，于是心一横，找到老板谈加薪。

老板正在为今年的业绩下跌犯愁呢，看见陈远来了，压下烦躁振作精神准备谈工作。不想这小子竟然开口提加薪，老板心里犯起了嘀咕："加薪？公司业绩这么差，你还要加薪？我给你加薪，谁给我加薪呢？现在的年轻人真是的，不努力工作干出点成绩，倒来这里要求加薪了。"于是老板委婉地说，今年业绩不好，暂时没有加薪的预算，需要委屈大家一下了。等业绩好了，自己自然会给大家加薪的。

可是陈远觉得公司业绩不好，并非是自己的责任，明摆着是你老板决策失误，关我什么事？自己可是战战兢兢没偷过懒，你们领导做错了，凭什么要我们打工的付出代价啊？渐渐地两个人说话都带上了情绪，老板甚至还拍了桌子。虽然最后还是冷静了下来,彼此道歉说了些场面上的话,但是同事们心里都明白,陈远在这个公司待不长了。

所以说,有时找老板谈加薪是一场赌博,一旦失败,输掉的可能就是你的前途。有没有办法化解掉这些风险,和老板也来一次"买卖不成仁义在"呢?办法当然是有的,这个办法就是将自己对金钱的渴望包裹在各种借口之中,避免赤裸裸地招人反感,也避免让老板一时下不来台。

## 传说中的跳槽

世界上最珍贵的是什么?有人回答说是两样:得不到的和已失去的。一个东西只有当你失去的时候才知道它对你是如此重要,而最患得患失,愿意拿出极大的代价挽留的时刻,恰好是即将失去的时候。所以当手下爱将传出可能跳槽的消息,老板一般都会感到着急。如果他知道你现在的薪水的确低于你这样人才的均价,知道找个像你这样的好员工不容易,知道自己的确在你的薪水问题上有失公允,那么他很可能就会慷慨加薪,以此来留住你的人,也留住你的心。

当周英为不知道怎么开口和老板谈加薪的时候,就准备以假辞职来"逼"老板主动谈这个问题。周英开始在闲暇的时候翻翻报纸的人才招聘版,有意在离开座位的时候将招聘广告的一面放在桌子上,谁经过时都能看到。

有时候周英会接一些神秘的电话,声音压得很低却又恰好能让人听到,似乎是谈什么公司职位报酬之类的事情,有同事猜测是猎头。大家一起吃饭时,有同事问起周英是不是要跳槽,周英总是报以高深莫测的一笑。于是整个公司都在盛传周

英找了个好东家,薪水如何如何。

这天周英被老板叫到办公室, 老板主动说前段时间年底总结太忙, 没顾得上薪酬这一块。周英去年表现非常出色,自己决定在原定的 20% 薪水增幅上再加 30%,并且升任周英为部门经理。升职加薪后,关于周英跳槽的谣传也就告一段落了。

用跳槽的方式逼宫,让老板主动为你加薪是好主意,但是先要掂量清楚你自己的分量。如果你不是公司的骨干,没有什么发展潜力,没有拿得出手的业绩,甚至你的薪水并不比市面上的行情低,仅仅是因为你想加薪而开口,那么很可能老板会大笔一挥批准辞职。

## 逐步垒台阶

老板都知道员工想要加薪, 员工也知道老板喜欢装糊涂能省就省。可是这都是彼此之间心里的小算盘,拿到台面上都会觉得尴尬。如果有人不识趣地挑破了这层温情脉脉的面纱,把老板想要节减成本克扣员工的小心思说了出来, 那么老板也许会恼羞成怒,不但让你加薪无望,小心还会被扫地出门。所以明知道你的薪水是老板授意, 那么还是要学会用白色谎言垒起台阶,让老板好顺坡下驴,维护他的面子,自己又能达到目的。

陈瑶转正三个多月了,工资还和试用期一样。问了财务,财务说是人力资源部报过来的数目,问人力资源部,人力资源部说是老板核定的,自己不过是奉命办事。陈瑶就明白了,这问题根子出在老板的小心思上面。

这天看着老板有空，陈瑶就走进办公室说："老板，我转正三个月了，拿的还是试用期的工资。是不是财务弄错了，你能不能帮我问问？"老板点头答应。

第二天，老板告诉陈瑶，是人力资源部忘了转正后加薪30%的事情，自己已经叫财务补上之前三个月少算的部分，从这个月开始陈瑶领取正式员工的工资，享受各种福利待遇。

## 适当作暗示

如果你的朋友称自己手紧，那么你就知道他不欢迎你去借钱；如果一个姑娘说把你当作哥哥，那就表示她不想和你做进一步发展。暗示，永远能够将真实思想包裹在让人能接受的借口之中，避免了双方思想赤裸相见的尴尬。

这天公司聚餐，老板问起大家对公司有什么意见，让大家尽管提。虽然喝了几杯酒，大家还不至于糊涂到实话实说的地步，都打着哈哈说没意见。

果真是没意见吗？这两年公司大赚特赚，可是员工工资一点都没涨，当初老板承诺的"不会亏待大家"这句话被他抛在脑后，谁都是一肚子闷气。可是真要说出来，自己在公司也就干不长了。还是小孙聪明，轮到自己时就说："当然没意见，老板对我们这么好，怎么会有意见呢。那天同学还说介绍我个工作，薪水是我现在的一倍，可是我没答应。为什么？就是因为老板待我们好，说了不会亏待我们，我可记着呢。朋友说老板的话你也信，我说怎么能不信呢？就算老板失言，大家也会生气，到时候所有的人都一走了之，谁帮老板做事？更何况我们老板是个讲义气的人，说过的话一定会兑现，我们可等着这一天

呢。就冲老板这么讲义气,大家干一杯!"

大家干杯,老板也笑了。不久,老板按照当年的承诺给大家加薪,很多人开玩笑说要感谢小孙那位朋友。小孙一笑,到哪里去找那位不存在的朋友呢?

# 场景 5：直接拒绝，不如委婉拒绝

电视剧《给我一支烟》中，有一句堪称经典的婉拒的话。男主人公李海涛面对小玉的死缠烂打，虽然忍无可忍，但还是委婉地说："小玉，你到底喜欢我哪一点？我改还不行吗？"

有的时候，你完全可以跟别人说"不"，却生生地咽了下去，就是担心说出"不"伤害了别人。两全其美的办法，就只有婉拒。而语言艺术就为婉拒提供了多种"温柔的理由"，让你既表达拒绝的立场，又让对方能够愉悦地接受，至少不会受到直接拒绝时同样的伤害。既能使自己掌握主动，进退自如，又能给对方留足面子，搭好台阶，让双方都免受尴尬之苦。

## 爱情中的婉拒

爱一个人是没有错的，可是不爱一个人也是没有错的，错就错在月老牵错了红线，丘比特射错了神箭。在无可奈何之下，拒绝就成了一个难题。

直说吧，自己又于心不忍，想着对方对自己的好，看着对方真挚的眼神，那个"不"字真不忍心说出口。再加上自己的理由似乎不那么理直气壮，比如，嫌弃人家家境不好，有嫌贫爱

富的嫌疑；嫌弃对方其貌不扬，有以貌取人的嫌疑；嫌弃对方性格不好，有自己难以伺候的嫌疑。这样，拒绝就变成了千难万难的难题了。

可是这个"不"字又不能不说，那么唯一可以做的，就是将这个"不"字包装得漂亮一点，既给了对方面子，不至于让对方伤心、伤自尊，又表明了自己的态度。而这个包装，靠的就是语言艺术。世事难两全，现实生活哪来那么多发自内心的完美无缺的借口，只有语言艺术才能做到这样完美。看看有"爱情专家"之称的王文华在《蛋白质女孩》中怎样教授分手的借口：

你长得太美，在你面前我感到自卑；

你长得太高，别人看到我们站在一起会笑；

你家财万贯，别人会说我蓄意高攀；

你对我太好，我怎样努力都无法回报；

我患有隐疾，不忍心传染给你；

我精子数低，将来可能生不出 BABY；

我们刚好同姓，小孩可能会有三只眼睛；

我脾气暴躁，你会变成我的出气包；

你是完美女人，但我爱的是强纳森。

看见了吧，九个例子都在告诉你，想要巧妙地说出拒绝，关键就在于你要把所有坏的责任揽在自己身上，把好的方面留给对方。只有这样做，对方才可以在午夜梦回的时候感叹人生不如意十有八九，而不是陷入自卑自怜或者是对你的怨恨之中。

## 高手点拨

### 自我贬低又何妨

爱情中人是敏感的,因为贬低带来的伤害也是加倍的。没有什么能比爱恋对象的否定更能打击一个人的自尊心,可是你之所以会拒绝对方大部分时候是因为对方存在的不足。为了避免伤害对方,以及避免对方遭受伤害之后反过来伤害你,你必须用白色谎言来掩饰自己的真实思想,将所有的赞美送给对方,所有的贬低留给自己。

## 友情中的婉拒

友情是一种很微妙的东西, 它是三大感情中唯一个不存在任何肉体上因素的亲密关系,一个人不曾生育过另一个人,两个人也没有肌肤之亲,对于"血浓于水"和"结发就是一辈子"的说法,友情总是显得有点脆弱。正是因为这种脆弱,所以朋友们有时会特别敏感,担心自己在对方心中到底是一个什么样的位置,生怕自己是在自作多情或者自以为是,白白在人前出丑卖乖。

友情是敏感的,朋友之间请求帮忙就尤为敏感。俗话说,"人不求人一般高",反过来自然就是"人若求人就要低人一头"了。求人帮忙的人在心理上自然是更敏感些,随时以你对他的态度来衡量自己在你心中的位置。如果你拒绝了他的要求,他未必能客观地考虑你的难处,而是直接把你的拒绝当成

他对这段友情的态度，也许从此就与你断交。因此，常听见有人气愤地说："我以为我和他是朋友，想不到连这个忙都不肯帮，看来是我看错人了。"其实背后的原因未必是他所想的那样，但是人一敏感，就容易"上纲上线"，你的拒绝可能就此了断了一段珍贵的友情。

因此，当你面对朋友的请求时，帮不帮忙还在其次，首先要摆出来的就是愿意帮忙的姿态。如果要拒绝，那么这个姿态更要摆到位，宁可找出些理由为借口，也不可实实在在地将你的难处说给朋友听。在这个时候他是绝对不会体谅这些的，只会认为自己在你眼中一文不值，你不把他当作朋友。

在"拒绝"两字说出口的时候，你的理由绝对不能是主观的。比如朋友找你借钱，你不愿意借或者担心他没有还钱能力的意思一点都不能流露，只能把不借的原因归咎为所谓的客观事实："没钱啊、刚花了一大笔钱手头紧啊！""需要存钱结婚啊！""家里钱是爱人管，自己做不了主……"

主观意愿是可以改变的，仅在于你想不想改变而已。而客观事实，绝对不会因为你愿意借钱就发生改变，那么朋友也就不会觉得你没把他当作朋友了。

## 亲情中的婉拒

有年轻的父母抱怨小孩子太烦人，弄得自己心力交瘁，有时候真想把他送到全日制寄宿学校去。过来人就说，珍惜这点时间吧，很快你就会发现孩子已经长大了，有了自己的空间，那时就算你想拉着他的手上街，想让他缠着你玩都没有机会了。

这是实话，也算是一种为人父母者的悲哀。当初那个需要自己呵护、关爱，顽皮撒娇的孩子是那么招人厌烦，可是等自己好不容易习惯了有这么一个家伙存在，那个家伙却自顾自地跑开了，让自己无端端升起失落的感觉。

尤其是在孩子开始独立的时候，恰好也是父母从中年步入老年的时候。在这个年龄，人的精神和身体都开始走下坡路，开始有了衰老的迹象。对于日新月异的世界，他们渐渐感到跟不上趟，有着被社会淘汰的恐惧。如果孩子再表现出不需要他们的意思，那么对于父母感情的打击是很深的。但是儿女们已经长大，有了自己工作和生活的圈子，工作、学习、小家庭……有时候对于父母的请求实在力不从心。既不忍心对父母说"不"，又没有那么多时间花在父母身上，拒绝就成了一门艺术。

如果实话实说，告诉父母自己因为约了朋友、要陪恋人、想要休息，那么父母很可能觉得你已经不把他们放在心上，心情难免低落。这时候你需要的就是用白色谎言告诉他们，自己抽不出时间是情非得已，他们在你心中永远排在第一位，他们的教诲仍是你的指路明灯，并没有过时。

## 婉拒，关键是找好完美的借口

一个交际高手会在任何场景下，既不得罪任何人，又可以做自己喜欢的事情，随时可以闪亮登场，优雅谢幕。何况有时候对方在乎的并不是你理由的真假，而是你是否愿意花精力在彼此的关系上。

比如你的同学不一定在乎你是否出席她的婚礼，你的老板也未必非要你周末加班不可。但是如果你摆出满不在乎的态度，将真实的理由和盘托出，那么他们会感到自己的尊严受

到了伤害。你真的就那么讨厌我,甚至没事也不愿意来参加我的婚礼吗? 你就这么不敬业,眼里没我这个老板,宁可在家里睡觉也不愿意加班吗?

几句实话,你就完完全全地毁掉了你的好形象。不过如果你拿出一个合适的理由做借口,事情就大不一样了。也许你的借口非常拙劣,但他们依旧会明白你的苦心,知道你是在给他们面子。毕竟每个人都有苦衷,他们会乐意在保持了自己的自尊心后接受你的借口。如果你想在社交场上左右逢源,那么在婉拒时,找一个完美的借口甚为关键,比如下面总结的寻找借口的原则,就是较为理智的做法。

对家人:你不得不带着愧疚利用父母对你的殷切希望,谎称工作上有事需要处理,父母长辈会像当年要你什么都别做只管读书一样原谅你的缺席。

对朋友:每个人都有自己的亲人,也明白亲人在一个人心中的位置。当你用亲人做借口的时候,你的朋友会衡量自己心中你和他亲人的重量,然后理解你的行为。

对老板、同事:大家都明白人脉的重要性,在今天这等同于事业的一部分。所以你可以谎称参加朋友的聚会而不被视做偷懒分子。

## 婉拒分三步走

如果不想用那个"不"字的尖刀刺伤别人,也不想要那个"不"字的沉重压垮自己,语言就是最好的解决方式,让你婉转地拒绝别人。委婉的语言是蜜糖,婉转的语言是麻药,如果你客客气气地拒绝对方,在蜜糖与麻药的作用下,对方就不会觉得那么难受。如果你直来直去,锐利的语言就会像刀一样刺得对方疼痛流血,自然不会对你有任何好感,甚至从此把你当作敌人。通常,婉拒对方,可分三步走。

□ **第一步:摸准对方的脾气**

语言是麻药,能够缓解拒绝带来的伤痛和难堪。但是麻药如果上错了地方,那么遭受伤害的地方疼痛不会减轻一分,语言也就失去了应有的作用。

因此,想要用语言缓解拒绝带来的伤害,首先要摸清楚对方的脾性,看看他到底是哪一处需要上药:是因为自尊心受损,是担心没人帮忙,或者是在乎他(她)在自己心中的位置,还是希望弥补一点损失。只有对症下药,才能让被拒绝的人感受不到拒绝的冷酷和带来的伤痛。否则,你就是花大力气想办法,你的话依旧会像没有刀鞘的利刃,狠狠地伤了对方的心。

□ **第二步:编造合适的理由**

大夫"望闻问切"确诊之后,要做的自然是开方抓药。你已经确定了对方需要的是什么样的理由, 自然就要制作相应的麻药。如上所说,如果对方是因为觉得遭到你的拒绝而自尊心受损,那么你就需要在这剂麻药中加大友情的分量,告诉他你真的很重视他这个朋友,很愿意帮他的忙,只是因为一些客观原因有心无力不能帮他。有了你的甜言蜜语,那些拒绝的话对方就好接受多了,也不会怪你。

同样,如果对方是怕你不肯出手帮忙,那么你就需要宽慰他的心,虚构一下美好前景,缩小一下事情的负面影响。当他觉得这件事情的影响不是太大,不值得挂在心上的时候,自然也就不会觉得你的拒绝有什么了不起了。

单薄的语言力度可能不够，不一定能有足够的药力去麻醉被拒绝者。因此，你不能把治疗这个伤口当作一次性事件，而要当作一个疗程，持续地用药，再添加一些补品，才能让这个伤口不感到疼痛，今后也不会复发。

小陆不喜欢应酬，所以当老板叫她晚上一起陪客户吃饭的时候，她就谎称今天是妈妈的生日，自己必须回家为妈妈庆祝，不能去参加晚上的应酬。老板也觉得老人家难得过一次生日，女儿回家比较好，所以手一挥，放小陆回家了。

到了下个月妈妈真的过生日那天，小陆下班后买了大大的蛋糕，上面用奶油写上"祝妈妈生日快乐"几个大字，正在车站等车。这时候老板路过，看见了她手里的蛋糕，奇怪地问："你妈妈不是上个月才过的生日吗，怎么又过？"

小陆一惊，知道差点穿帮，连忙又说了一个理由来弥补上一次的漏洞："上次是我老公的妈妈过生日，今天是我妈妈过生日，两个都是妈妈。"这才糊弄过去，不然要是老板知道自己说谎不肯参加公司应酬，肯定会很生气，甚至认为自己是个偷奸耍滑不肯为公司出力的员工。

从此之后小陆变得很小心，时不时还在一些场合假装无意地说："那家蛋糕店的味道很不错，上次妈妈过生日我买了一个，老板还看见了，就是那边街上那个店，大家有空去尝尝。"或者说"我家两个老人，一个四月的生日，一个五月的生日，挨得还真近。"之类的话，加固自己的白色谎言麻药效力，避免老板生疑而使自己倒霉。

# 场景 6: "昧着良心"善待为难你的人

　　生活就像一面镜子,你对它露出笑脸,它也会对你露出笑脸;你对它冷漠,它也对你不理不睬;你对它怀有敌意,那么你眼里看到的就永远都是敌人。如果你希望自己生活中的敌人越来越少,朋友越来越多,那么请暂时放下自己的喜恶,向人们展现你的友善。

　　就像前面所说,生活中,能够顺你意、让你喜欢的人很少,大多数是你不喜欢的人,比如,你生活中的对手、敌人、仇人,这些处处为难你的人困扰得你寝食难安。但是,你生活在人与人的各种关系当中,人与人都有着千丝万缕的联系。你不可能离群索居,也不可能单打独斗。那些你所不喜欢的人,说不定反而是影响你成功的贵人呢!所以,试着违心地去欣赏你不喜欢的人,制造你很喜欢他们的假象,从他们身上获得提升的力量,这样也是一种成功。

## 感谢折磨你最深的人

　　"感谢你的仇人?"这样的话听起来似乎有悖常理,但在生活中,如果我们仔细观察一下,就会发现,那些所谓的"仇人"却恰恰是成就自己的"恩人"——正是那些处处说你风凉话,处处与你作对,处处攻击你的仇人。仇人对我们的刻薄与

讽刺恰恰成了一股不可阻挡的力量，推着我们向前，向前，再向前……

一位小有成就的朋友讲了他当年就业时遇到的第一个"仇人"。

那时他刚大学毕业，在某电视台主持节目，后来节目的导播觉得他文章写得不错，又要他兼做编剧。可是当节目做完，领酬劳的时候，导播不但不给他编剧稿费，还扣他一半的主持费。他当时虽然觉得一肚子气，但还是忍了，心想"君子报仇，十年不晚。"后来，他又帮着导播"签"了三次，等到最后一次时，导播却没扣他的钱，并且对他十分客气，原因就是他被电视台的新闻部看上了，成了电视台的记者兼新闻主播。

这位朋友当时曾经想过告导播的状，可是也正如别人所说，如果当时没有导播恶意地逼"签"，他也就不会忍气吞声坚持下去，也就不会获得后来的升职和主持机会。

古往今来，敌手成就伟人的事例屡见不鲜，比如战国时期，六国"成全"了秦国的统一；宋朝时期，朝廷的逼迫成就了梁山一百零八个好汉；电视剧《大染坊》里的陈六子，很多同行都与他作对，但最后在仇人遇难时，他却不计前嫌，出手相助，在成就别人的同时也成就了自己。

康熙大帝在位执政 60 年之际，特举办"千叟宴"以示庆贺。宴会上，康熙敬了三杯酒：第一杯敬孝庄太皇太后，感谢孝庄辅佐他登上皇位，一统江山；第二杯敬众位大臣及天下万民，感谢众臣齐心协力尽忠朝廷，万民俯首农桑，天下昌盛；当康熙端起第三杯酒时说："这杯酒敬给我的敌人，吴三桂、郑经、噶尔丹，还有鳌拜。"众大臣目瞪口呆，康熙接着说："是他们逼着朕建立了丰功伟绩,没有他们,就没有今天的朕,我感谢他们。"

一个人只有怀着一颗感恩和宽容之心,才会体味到生活的幸福与乐趣,学会感恩也就是学会了生活。生命中有太多值得我们感谢的东西——命运赐予一切;挫折让你变得坚强;磨难让你变得成熟;痛苦让你变得从容;忧郁让你学会了思考……感恩,让你一步一步地校准了自己前进的方向。可见,感恩是一种赢家的竞争心态,我们要学会凡事感恩,就像有人在培训中总结出来的话,结合现实生活仔细品之,你会有所获的。

感恩伤害你的人,因为他磨炼了你的心智;

感恩欺诈你的人,因为他增进了你的智慧;

感恩中伤你的人,因为他砥砺了你的人格;

感恩鞭打你的人,因为他激发了你的斗志;

感恩绊倒你的人,因为他强化了你的双眼;

感恩遗弃你的人,因为他教导了你的独立;

感恩斥责你的人,因为他提醒了你的缺点;

感恩嘲笑你的人,因为他坚定了你的信念;

感恩嫉妒你的人,因为他肯定了你的成就。

《孙子兵法》里曾说过,善待你的敌人,你的敌人就会消失,你不好好对待敌人,他就永远存在,因为敌人就是你自己制造出来的。所以面对那些你不喜欢的人,请你暂时掩饰一下自己的心意,"昧着良心"用善意的笑脸和友好的方式去接近他们,对待他们,终有一天你会发现,在不知不觉地这些敌人已经变成了你的朋友,成为你前进途中的一大助力。

## 学会与对手共舞

对手往往是跟你叫板,让你最为难的人,它就像是一把锋利的"刀",让你感到危机的存在,但它同时又给了你提升的机会。所以,你要感谢对手,因为对手是良师益友;是可以让你看清自己的明镜;是磨砺你心志的磨刀石;是催你上进的晨钟暮鼓;是提升你的陪练;是你需要拼尽全力才有可能超越的目标。

事实证明,只有感激、欣赏、尊重、学习对手的正面心态,才是有利于健康成长的。当然要做到去喜欢你的对手,不是件容易的事,你首先和委屈自己,进行自我欺骗。但这种欺骗是必要的,也是赢家的竞争心态。

对于武侠作品中的剑客而言,找不到对手是痛苦的,而相反的,能够剑逢对手,即使死在对手的剑下,也是人生最大的快事。武侠之所以备受青睐,可能就是因为它所倡导的理念暗合了现实生活的种种现象吧。

有位动物学家,在对非洲奥兰治河两岸的动物进行考察时,发现了一个十分奇怪的现象:生活在河东岸的羚羊繁殖能力比西岸强,每分钟的奔跑距离也比西岸的羚羊多 13 米。

对这些差别,动物学家百思不得其解,因为生存环境和食物都相同。后来,动物保护协会做了一个实验,把两岸的羚羊各捉 10 头送到对岸。结果被送到西岸的羚羊繁殖到了 14 只,而送到东岸的羚羊只剩下了 3 只,其余的都被狼吃掉了。最后谜底终于揭开:东岸的羚羊之所以强健,是因为它们附近生活着一个狼群,天天生活在危险中,它们反而越活越有战斗力;而西岸的羚羊之所以弱小,恰恰是因为它们缺少天敌,没有生存压力。

东岸的羚羊因为有了狼这样的对手，才长久地保持着生命的鲜活。人其实也是一样的，有了对手，才有危机感，才会有竞争力。丘吉尔和希特勒的故事鲜明地验证了这一点。

丘吉尔和希特勒虽然在演讲风格、领导才能等方面的风格迥异，但他们是真正的棋逢对手。可以这样说，如果没有希特勒这个凶狠、强大的对手，也就无法成就伟大的政治家丘吉尔。丘吉尔仍婉转地这样评价希特勒："我和他(希特勒)相互为敌，但从未一起交谈过，这样也许最好，否则他可能会把我迷住，从而把我给骗了！"丘吉尔强调说，"就像他欺骗了许多人一样。"

这样的评价虽然有调侃的味道，但我们也可以从中窥探出他对希特勒的钦佩之情(如果他没有几把刷子，怎么能成为让自己感到窒息的敌人呢)。

事实证明，每个人、每个群体都是在与对手的竞争中相互依存、相互进步的。动物里面，狼是羚羊的对手；拍电影的，张艺谋和陈凯歌是竞争对手；跨栏的，刘翔和约翰逊是对手；卖饮料的，可口可乐和百事可乐是对手；在搜索领域，Google 和百度是对手……一种动物如果没有对手，就会变得死气沉沉；一个人如果没有对手，那他就会沦为平庸者；一个企业、国家如果没有了对手，就会逐步走向衰亡。我们要学会感谢我们的对手，也只有保持这种强者的竞争心态，你才可能真正去尊重、欣赏、学习你的对手，直到最后超越他们。

可是，有很多的人却不敢直面竞争，甚至对对手存在着认识上的误区——他们把对手视为心腹大患，是异己，是眼中

钉、肉中刺,恨不得马上除之而后快。事实证明,人生的过程其实就是战胜一个个对手的过程,而每个对手的出现,无疑就是我们提升的契机。

人生的每个成长过程,绝不是一场曲高和寡的独舞,而应该是一场气势恢宏的群舞,正因为有了那么多人的衬托与配合,整个人生的舞台才显得绚丽多姿。朋友,在人生的舞台上,学会与对手共舞吧!

## 如何善待你不喜欢的人

那么,对于自己不喜欢的仇人、敌人、对手、处处为难我们的人,我们该怎样去善待他们呢?前面我们说到了感恩,那无疑是积极的心态。但还需要一些具体的注意事项。

□ **注意事项一:别不给面子**

长时间的敌对,使你把对立的姿态养成了习惯,会不由自主地坚持"凡是敌人支持的我们就要反对,凡是敌人反对的我们就要支持"的原则。所以,当敌人提出某个意见的时候,你的第一反应往往是反驳和奚落。

可是这样不给面子的行为只会让你们的隔阂变得更深。要想软化你的敌人,你就需要将他们当作自己的朋友,时时处处给他们留面子。对于他们提出的意见,你不但不要反对,反而应该附和,积极地在这个意见的基础上献计献策。如果他们投来诧异的目光,你就回报灿烂的笑容,相信没有人能抗拒这样的友情之手。

□ **注意事项二:一碗水端平**

一个人对自己的朋友好是自然的,纯属下意识的反应,而对待你讨厌的人好是刻意的,需要时时刻刻提醒自己。如果你忘记了这一点,就会出现你为朋友好,而将讨厌的人抛在了别处,那么之前你所营造的一点点友谊的基础就会崩溃,让人明白你其实没有把他们当作朋友。因此对待"敌人"和朋友,有时候你需要做到或至少是在表面上做到"一碗水端平",让"敌人"享受到和你朋友一样的待遇甚至更高。只有当他们的确感受到你的诚意之后,才会卸下心防和你结交。

**□ 注意事项三:亲而不亵**

朋友之间的相处是轻松随意的,有时候相互贬低、开开玩笑也是表达友情的一种方式。但这是因为你们有深厚的友情做基础,彼此明了对方的心意,不会因为一声嘲笑、一次反对而产生误会。但是你和"敌人"的结交是刻意的,友情的基础是浅薄的,彼此的心中难免还没有真正放下猜忌,有时候就会对你的行为产生误解。所以如果你做得过于亲昵随意,向对待朋友那样对待敌人,可能就会使他们以为你故态复萌,又将他们当作取笑敌视的对象,从此拂袖而去。

**□ 注意事项四:养成习惯**

科学家论证说,当一个人保持连续 21 天做同一件事,这件事就会形成习惯,并在今后得以保持。同样,如果你坚持长期对待你的"敌人"好,那么这种"好"就会深入你的骨髓,将刻意变成自然,慢慢地将伪装变成真实。而你也就真正地减少一个敌人,多了一位朋友。

## 场景7:加点作料的爱情,会更甜

　　一场误会、一点冷落之后的一个美丽的谎言在爱情中往往显得十分重要。恋爱时一切都是美好的,都是甜蜜的。没有逻辑,感性永远多于理性,要的就是浪漫的感觉,要的就是爆发的激情,又或许是一种微醉的朦胧,此时此刻又有谁会真切、理智地去计较那些甜得发麻、热得滚烫、煽情得让人脸红心跳的语言背后有多少水分与多少的不真实,多少的纯幻想呢? 语言是爱情的调味剂,不可或缺。

### 实话实说,让爱情走开

　　莎士比亚,一代文学巨匠,世间万物似乎都能进入他的文字。关于爱情,他写了一首十四行诗:

　　当爱人发誓,她将忠贞不渝,我打心里相信她,虽然我知道她在说谎,也许,她认为我很容易受蒙骗,但是,不谙世事有时也有它的好处。

　　在爱人的心目中,我还很年轻,其实,她知道我已老年将至,我也只把她的话,当作口误而已。那微不足道的事实,没有人愿意提及它,是的,为什么要说,我已经老朽了呢?

　　哦! 爱情的支柱就是相互信任,爱情与年龄无关,我欺骗她,她也欺骗了我,在善意的谎言中,我们彼此讨好对方。

莎翁的诗直白地道出了恋爱的真谛:哪里有爱情,哪里就有谎言。在恋爱中,如果你不懂得恰到好处地说谎,而是不合时宜地实话实说,丘比特之箭绝对不会青睐于你。

长辈教育女儿寻找自己的伴侣,往往都会告诫她们不要找那些喜欢花言巧语讨好人的家伙,而是要选择一些老实可靠的人。可是女孩们却把父母的话当成了耳边风,常常落进花花公子的陷阱。因为那些不切实际的山盟海誓太过迷人,那些真心实意的赞美太过动听,让人实在舍不得放弃,所以渐渐将心中的天平倾向了有一张巧嘴的人。

没有人不喜欢赞美,没有人不喜欢别人对自己献上深情。实话实说的人只能如实表达出自己内心的热情,这样的热情自然是有限的,虽然真诚,却缺乏情调。而情场高手喜欢用夸大的方式来表现自己澎湃的感情,一点点动心可以说成自己坠落爱河,一点点思念可以说成自己茶饭不思,一点点承诺可以说成永远。这样夸张的话自然比实话实说的爱情看起来更深,更能打动人,更能满足被爱者的虚荣心,自然占尽上风。

想要扳回爱情天平的那些人,请放弃以往的表白方式。爱情不是科学实验,需要你精确地衡量。它更像是一种文学追求,只有用最美丽的句子表达出最真的感情才能永垂不朽。如果你爱她,请你学好语言的一修辞手法,像诗中所吟唱的那样:用热情与恭维,去猎取爱人的芳心。

## 男人应该学会的甜言蜜语

男人所说的甜言蜜语不计其数,而且说话的方式和风格

也因人而异。有人对男人的甜言蜜语做了个排行榜,觉得这类白色谎言是每个人男人应该学会的。作为一个有情趣的男人,这些甜言蜜语是必须学会的,因为这是女人最愿意听的。

□ **男人必说的甜言蜜语一:我爱你**

"我爱你"这三个字,不应只在情人节时说。据美国《读者文摘》及盖洛普对 1000 人的调查,73%的美国人每日至少会向配偶或儿女说一次"我爱你"。有多少人是真正的爱呢,但是恩比爱长久,所以,"我爱你"有时候是对爱人的一种报恩。

□ **男人必说甜言蜜语二:你是我的唯一**

女人拴得住男人的腰包,拴不住男人的腰带;女人拴得住男人的情,却拴不住男人的欲。实践证明,不论男女,一辈子只爱慕一个异性的可能性几乎是零,但如果实话实说,那极有可能这辈子就"单身贵族"到底了。所以,不论你觉得自己的老婆再怎么黄脸婆,没领离婚证之前,最好还是跟她说"你是我的唯一""这一辈子,我只爱你一个"……

□ **男人必说甜言蜜语三:我爱你一万年**

曾经有一段真挚的爱情摆在我的面前,我没有珍惜,等到失去的时候我才追悔莫及,人世间最大的痛苦莫过于此,如果上天能给我一次再来一次的机会,我会对她说三个字:"我爱你。"如果非要在这份爱上加一个期限,我希望是"一万年"。

这是周星驰在《大话西游》里的经典台词,曾一度成为风靡全国的经典语录。明明是天大的谎言,但偏偏是女人最爱听的,又是听后最感动的一句。但这句谎言是经不起分析的,爱你一万年不是不可以,前提是我们都得变成"万年龟"才行。

□ **男人必说甜言蜜语四：我不在乎你的容貌**

女人似花，男人像蝶，花越香则蝶越盛，花越艳则蝶越狂。蝶恋花乃千年不变的真理，男人不在乎女人容貌？那你有没有听说过蝶恋草的？他不是不在乎，是因为你有比容貌更有价值的东西，比如你有事业心啊，你在某方面能够助他一臂之力啊。

□ **男人必说的甜言蜜语五：我什么都答应你**

男人好像一激动，就忘了自己从来都不是万能的。他们总是摆出上帝的口气，不经大脑思考就脱口而出"我什么都答应你"。其实，男人说这句话的时候，接下来的一句话就自揭谎言，接下来的话往往是"除了这件事，我什么都答应你。"

□ **男人必说的甜言蜜语六：我不在乎你的过去**

男人的这种话，特别是对过去那段感情放不下去的女孩而说，与其说是一种宽容，不如说是男人为了让女孩尽快接纳他的策略。不是不在乎，而是因为爱你多于在乎你的过去。

□ **男人必说的甜言蜜语七：我发誓**

当男人在女人面前碰壁的时候，当男人无奈的时候，他们最后的言语居然惊人的相似，指天发誓不过是男人欺骗女人善良天性的一个绝好的幌子。

□ **男人必说的甜言蜜语八：是我错了**

女人总以为男人认错了，便是自己赢了，殊不知这只是又一次受骗的开始。女人好像很少认错，可偏偏总是错上加错。

## 女人应该学会的"花言巧语"

为了处理好男人的关系，有一些话女人不得不讲。你不要

指望以一般男人的情商，会理解为什么你和他的母亲总会像情敌一样矛盾重重；你也不要寄希望有一位白马王子是专门为你而准备的。当生活中的摩擦不可避免，你要明白，有一些善意的语言可以减少矛盾的伤害，甚至拉近你们的距离。只有做一个善于说谎的聪明女人，才能在两性关系中对男人更有吸引力。为了让他更爱你，为了让你们的关系更紧密，"花言巧语"是必不可少的，下面提供七种比较常见的。

**□ 女人必说的花言巧语一：我不会让你有任何改变**

每个女人都有一个心目中的白马王子，比如像施瓦辛格一样强壮，男人味十足，或者像周润发一样风度翩翩。女人对男人说上述的话，目的只是为了面对现实，不想因身边的男人与梦想中的反差太大而打击自己，同时也为了防止让男人伤心悲叹、自惭形秽。

**□ 女人必说的花言巧语二：我喜欢你的朋友们**

每个男人都会有一群"狐朋狗友"，这些人事业无成却喜欢吹牛、侃大山。直接说出你真实的看法，他会认为你挑剔，伤了他的面子。因此，女人心里再怎么不爽，也千万别说出来。最好的办法是爱屋及乌地表示，我喜欢你的朋友们，然后委婉地表达自己的立场。

**□ 女人必说的花言巧语三：我愿意帮你收拾残局**

男人最大的特点是懒，男人住宅最大的特点是乱。女人之所以对一个刚开始建立关系的男人，说出上述的话，并做出非常喜爱家务劳动的样子，主要是表现出自己的体贴、贤惠，让男人产生家庭般的温暖。当然，这样的好景不会长久，当男人慢慢对你产生依赖后，你再慢慢培训他动手劳动也不迟。

### □ 女人必说的花言巧语四：我爱你家

对于他的父母，不管你喜不喜欢，当男友问起来，你都要真诚地告诉他，你喜欢和他家人共度的时光。如果你说出不喜欢，这可能太伤害他的感情了。因为再怎么说，他们是有着血缘关系的亲人，男友的心里是十分期待你们是友好的。所以，告诉他你爱他家里的人，千万避免你们因家人发生冲突，并把见面的时间锁定在生日或节日。

### □ 女人必说的花言巧语五：你是对的

智者云："男人是头，女人是颈，颈将决定着头的旋转方向。"男人总自以为是地认为自己知道一切、控制一切，可真正有实际控制力的是女人，女人总能不动声色地操纵着全局。所以，别自以为是你赢了。

### □ 女人必说的花言巧语六：我不介意你看别的女人

爱情是自私的，尽管某个女人没有沉鱼落雁之色、闭月羞花之容，她也希望男友的眼睛总是老老实实守候着她，从一而终。一旦男友的眼珠"走私"，与其采取让他难堪的做法，不如花言巧语的暗示来得含蓄。用这句话来暗示他"己所不欲，勿施于人"。如果男人误认为女人说的是真话，那就麻烦大了，等着回家跪搓衣板吧。

### □ 女人必说的花言巧语七：我不介意你有多少钱

仔细想一想，女人又不是白痴，什么都没有，爱情又不能当面包吃！不是不介意，她看中的是男人的将来。除此之外，可能还因为男人的勤奋、善解人意而又忠实可靠。她选择男人是因为她认为男人是潜力股，会让她的后半生过上物质文明和精神文明双赢的生活。没错，这是她的如意算盘。可现阶段男

人的确没有钱,她只好用花言巧语来安慰、激励男人。

# 男女关系中的语言三原则

长久的爱情需要你的甜言蜜语来巩固。当初的激情会在岁月的流逝中逐渐被平常的琐事消磨,如果你不及时添砖加瓦,那么坐吃山空的爱情激情终将在你的生活中消失。因此,收起你对于生活中惊涛骇浪的幻想吧,把那份精神用在实实在在的行动上,与其沉醉在自己不切实际的幻想中,为什么不用语言为自己的爱情加点糖呢?这并不是需要多少智慧和技能,甚至只需要如同程咬金那样学会"三板斧"就可以纵横战场了,只要记牢以下"三大原则"就可以正确回答对方的绝大多数问题了。

## □ 肯定否定原则

如果问题涉及对方形象的,例如,"我是不是漂亮"、"我爸爸妈妈是不是对人很好"之类的问题,必须予以正面肯定。凡是同时出现涉及对方的贬义词的问句,例如,"我是不是变老了"、"你是不是觉得我很烦"之类的问题,必须立刻予以否定。

## □ 完美家人原则

对方可以批评他家人的不是,而你绝对不可以。哪怕他是在向你诉苦,你也不可以附和。一旦你流露出不满,对方会迅速站在自己家人一边和你争执。因此在你的口中,对方的家人都是完美无缺的,即便他在抱怨,你也只能宽慰,不可出现添油加醋的行为。

## □ 夸张原则

凡是提到你对她的爱,能多夸张就要有多夸张,说起你们的未来,更要表现出百分之两百的信心和激情。不要以为对方会认为那是华而不实的花言巧语,试想"海枯石烂"这种不切实际的话都已经是几千年的爱情流行语了。

交替使用上面三大原则,别轻易说出自己的真实想法,多多赞美对方。如果你们确实有好好谈谈真实想法的沟通需要,那么请将真相包裹在甜蜜的谎言中说出来,避免用赤裸裸的话语伤害对方。

# 场景 8:感情陷入困境,用语言艺术化解

爱是世界上最伟大的事物之一,然而也是最脆弱的事物之一,生活中的磕磕绊绊都会成为抹杀爱的杀手。宽容的人会对爱情敏感,潇洒的人会对恋人在意。在感情这个前提下,一切矛盾都可能放大到不能承受之重。想要大事化小,小事化无,唯有语言艺术。

## 爱,不用真实来表白

说到是否该对爱人坦诚,大部分人可能都会毫不犹豫地点头。再问,是不是应该为爱人着想,大家会继续点头。然而最难的是第三个问题:当前面所述的两个前提相互矛盾的时候,你应该怎么做?是保持彼此之间的坦诚而任由事实伤害对方,还是用说谎的方式换取对方的幸福?

在《真实的谎言》这部片子中,主角选择了后者。主角平时的身份是一位普通商人,有着漂亮的妻子和可爱的孩子,生活安稳而平淡,是美国中产家庭的典型。然而这一切却全部建立在谎言之上,主角的真实身份是美国 FBI 特工,为了不让妻子担心自己的安危而隐瞒真相长达十多年。

电影的结局自然是真相大白、花好月圆,妻子成了丈夫执行公务的好搭档。可是现实生活不会有好莱坞编剧在惊涛骇浪之后给你一个预定的幸福结局，说出真相的结果往往是给至爱的深深伤害。

　　情人节的晚上，夫妻俩在烛光晚餐下重温恋爱的甜蜜，气氛既浪漫又温馨，女人轻轻地问男人是否依旧像婚前热恋时那样爱着自己。这本是夫妻间的小情调，一种迂回的撒娇，只要男人回答一句"爱你永不变"之类的话便可以顺利过关，增添两人之间的浓情蜜意。然而男人偏偏实话实说，回答自己对女人的感情已大不如前。当初是一见面就心跳加速，牵个手都要回味几天，现在却有点左手握右手的感觉。

　　尽管男人后面又说了一堆"爱情转换成了亲情"的道理，女人的心情还是无可救药地跌落到了谷底。在她看来，男人就是不爱自己了，并且连善意的谎言都舍不得给自己。

　　这样的婚姻还有继续的必要吗？男人是不是因为当初的承诺勉力维系着这段婚姻？或者他已经找到了新的爱情，仅因为责任而留在自己身边？这些问题在女人的脑海中挥之不去，情绪一天比一天差，变成一个疑神疑鬼斤斤计较的小女人，家中往日的幸福生活荡然无存。男人后悔不已，原以为真实是爱人间最好的表达，却不想成了伤人的利器。

　　这对夫妻因为男人实话实说，让婚姻摇摇欲坠。爱的表达方式并不是只有这一种，如果明明知道这些话会给对方带来伤害，那么为什么要说呢？

　　花花公子游戏情场的感情态度不应该推崇，但为什么他们可以在感情中无往而不胜呢？靠的就是随时随地的甜言蜜语、海誓山盟，那些未必真实的语言使得对方沉醉。没有人会不喜欢赞美和崇拜，如果你希望给你的爱人一段甜蜜的爱情、

一个美满的婚姻，那么，你就必须使用语言艺术这个武器去避免伤害，争取幸福。

## 有些事情别让爱人知道

爱情是温室里的花朵，需要好好地呵护，而不是过早地让它经受考验。如果在你们的感情尚未真正稳定下来的时候就接触到一些问题，可能会为你们的未来埋下隐患，甚至让一段感情就此夭折。

小刘长得不错，工作稳定，为人也好，自然追求者众多，介绍她相亲的人也络绎不绝。

这次小刘总算找到一个合适的对象，年轻有为的公务员小孔，才28岁就已经当了科长，闲暇的时候舞文弄墨，是个有生活情趣的人，加上长得一表人才，和小刘走在一起真是郎才女貌，回头率不低。这让小刘很满意，于是相亲后频频约会，很快确定了恋爱关系。

可是有一件事情让小刘时刻担忧却说不出口，那就是对方的收入情况。要知道小刘家境不错，从小就学会了享受生活，衣食住行都有自己的要求，是个很讲究生活品质的人。而如今公务员实行阳光工资，外面把公务员的收入说得神乎其神，其实小孔虽说是科长，收入还不如小刘高。

虽然小刘并非嫌贫爱富，可是想想今后两人如果在一起，自己的生活档次就要下降一个甚至几个台阶，心里就不太舒服。

这时候有人给小刘介绍了个房地产公司的老总，资产逾千万元，也是个很有性格魅力的人，而不是一般的庸俗暴发户。介绍人死命要小刘去见见,小刘也就去了,想不到谈得还挺投机。之后两人又约会了几次。

这下小刘苦恼了,一个是对自己一往情深的男朋友,在一起这么久了也有感情,性格什么的都挺合得来,可就是经济条件稍差;一个是房地产富商,为人看起来也不错,可是自己真的要做个"女陈世美"吗?

那段时间里,小刘一边和两人分别约会,一边承受着巨大的心理压力。

圣诞节前夕,小孔送给小刘自己精心制作的 365 颗幸运星,这在学生时代时兴的玩意让小刘感到久违的纯真。当小孔放起漫天烟花说出一生一世的誓言,向她求婚的时候,她感动得无以复加,点头答应了。

之后小刘没再和房地产富豪联系过,推了几次约会后,那边也就明白小刘的意思就没再联系了。可是小刘总觉得对男朋友隐瞒这件事是不好的,最终她还是把这件事情告诉了小孔。原本以为小孔会因为自己的坦诚而感动,没想到等来的却是小孔的冷脸和冷言:"真想不到你这么势利!"

当然这件事情不久也就过去了,可是小刘却感到他们之间的感情有了变化:两人只要有关于金钱方面的不同意见,小孔就会阴阳怪气地讽刺她;如果她有时花钱太多,哪怕是自己的工资,小孔也会冷笑着说,他负担不起这份消费,让小刘另觅高枝……小孔变得敏感易怒,两人发生了好几次大的争吵,他甚至说出了"鬼知道你和那个人发生过什么没有,我穷,但是我也不要因为金钱背叛过我的人"这样伤人的话,两人不复当初的柔情蜜意。小刘后悔当初的坦白,不知道两人还有没有

继续走下去的必要。

爱情要经过许多考验才能变得坚固，但是过早的考验却可能摧毁爱情。两个人思想不同，对于考验的看法和结果也就各异。对小刘来说，自己通过了金钱诱惑这个考验，但是对小孔来说，却认为小刘曾经的动摇说明了她没有通过，分歧就产生了。更何况有些东西注定就是死穴，一击毙命，不能随随便便地拿出来考验。

小刘的做法对小孔来说，无异于证实了他经济能力不足的缺点。对于一个男人，尤其是一个在仕途上称得上一帆风顺的男人，这是一种深深的打击，是难以忍受的侮辱。这种伤害过大，他无力治愈，造成了后遗症，动摇了爱情的根基。

实话实说是对爱情的坦诚，但是在说之前，你要先考虑好这些东西说出之后的影响。如果你仅仅沉浸在自我的想法中，忽略了对方的意愿和反应，那么很可能事与愿违，得不到你想要的结果。所以，下面这几件事情最好隐瞒掉。

你对他经济条件、为人处世、家庭环境、父母的不满；

你对她长相、身材、消费习惯的不满；

你曾经的恋情和性生活细节；

你现在的出轨，无论是身体的背叛还是精神上的心猿意马；

你对某个异性的强烈感情，哪怕仅是问心无愧的欣赏；

你曾经有过的动摇，或者背叛行为。

## 虚拟一个情敌，让爱情保鲜

有人说两个人之间的信任和诚实是恋爱的基础。话虽不错，但是非常之时要行非常之事，有时候语言艺术会为你带来爱情奇迹。

小吴和小于是大学同学,一个是班长,一个是团支书,两个一起"合作执政"了四年,彼此了解欣赏,互相间都有那么点意思。可是别看两人在大学里都算得上是风云人物,演讲辩论赛上口若悬河,可是到了自己的感情问题上,两人都变成了内向、害羞的哑巴。

眼看毕业都四年多了,两人还是这么你不说我不说地暧昧着。虽然常常一起吃饭看电影玩乐,可就是不肯表白,至今也只能算个好朋友关系。同学、朋友一个个走入婚姻的殿堂,小吴做了好几次伴娘,自己还没着落。眼看青春一点儿一点儿地过去了,那个"呆木头"还是没有行动,小吴心里又气又急。

朋友们知道小吴的心思,便联合小吴策划了一出好戏。不久,小于发现不太对劲儿了:打电话约小吴,她不是含含糊糊地说没空儿,就是直接告诉他佳人有约,甚至还和他讨论些男人爱上了你是什么表示啊,有个很好的男人追我要不要接受之类的话题,口吻还相当甜蜜,仿佛是个情窦初开的少女。小于急了,连忙在一个周末约小吴出来吃饭。吃完饭小于拿出玫瑰花,表白了自己的爱情,小吴又想哭又想笑:"自己等这句话,真的等得头发都要白了。"

用虚拟的情敌挑起爱人的嫉妒,这一招不是小吴第一个人用。不少时尚杂志都摆出专家的姿态,教育广大男人可以用这一招进行爱情保鲜,避免两人长时间相处后对对方的熟视无睹,重新以嫉妒引来关注和欣赏。

台湾作家三毛在《警告逃妻》中记录了一个类似的故事。

丈夫荷西哀求回台湾探亲不归的三毛不成，转而虚构了一个漂亮的女邻居，引得三毛吃醋马上回家，看来用这一招的人还真是不少。

适当的嫉妒是爱情的催化剂，用谎言挑逗对方的情绪也被称作高明的爱情兵法。但是万事皆有度，如果你做得太过火，让对方认为你们的感情已经无可挽回了，愤然地一怒而去，那就得不偿失了。

# 场景 9：告诉爱人，你真棒

再完美的人，时间一久，都会挑鼻子挑眼的，觉得对方有着太多的毛病。总觉得自己的爱人不尽如人意，别人的爱人才是最完美的。于是，我们经常听到两口子在相互数落的同时，还拿自己的爱人同某个人比较，说某某有多好，你要是有他(她)的一半好就好了。人最怕的就是对比，一对比就会导致矛盾的升级，两个人越看对方越不顺眼，夫妻间的关系陷入冷战，甚至破裂。

人性最可怜的就是：我们总是梦想着天边的一座奇妙的玫瑰园，而不去欣赏今天就开在我们窗口的玫瑰。很多的时候，完美的爱人并不在别处，而就是身边的人，关键在于你要懂得欣赏，懂得去激励他(她)成为你心仪的那种情人。因为再完美的人都会有缺点，再差劲的人，也有可取之处，关键在于懂得激励。记住，完美爱人，是用语言捧出来的。

## 好女人是男人夸出来的

很多的男人埋怨自己没有找到好的女人，其实这并不能怪女人不好，只能怪男人太笨。有一个《九头牛》的故事，可以给各位男性读者提供一些启示。

一个酋长有三个女儿,大女儿和二女儿漂亮能干,均以五头牛的聘礼被人娶走。可是三女儿和两个姐姐比起来就逊色多了,不那么能干也不那么漂亮。酋长便放出话来,谁愿意娶她,两头牛的聘礼就够了。后来,有一个人坚持以九头牛的聘礼娶走了三女儿。

一年后,酋长见到小女儿的时候,惊讶地发现她变得漂亮、能干了,一言一行无不落落大方让人赞赏。酋长问女婿是如何办到的,女婿微微一笑说:"我只不过告诉她,她确实值得九头牛的聘礼。"

看到没有,好女人是男人夸出来的。女人总是比较感性,常因为他人几句赞美的话而充满自信。恰当地运用表扬,就能有效地激励女人的上进心和家务工作热情,塑造出自己理想的爱人。

女人是要人夸的,特别是要男人夸。女人天生爱打扮,打扮干什么,就是让人夸的。你夸她,她心情愉悦,也会对你心存一份感激。善于发现女人的美,并不失时机地表达出来的男人,总是讨女人喜欢;而对女人的美熟视无睹,甚至与女人较真的男人,总是让女人生气。

女人的优点有时是夸出来的,说她纯洁如雪,她就慢慢地雪花飘飘;说她柔情似水,她就渐渐地溪水潺潺。有些男人在外面能说会道,回到家在妻子面前却沉默少语。女人并非为人母、为人妻后就没了浪漫情怀,就少了要夸人之心;相反,婚后的女人更要男人夸。夸她善良,她便生忍让之心;说她贤惠,她便萌生善待公婆之意。潇潇洒洒看准时机就夸,一如开她们的表彰会,那么她们就快乐得犹如小鸟一样,家庭的小日子也就和和睦睦,安安康康。

夸女人还要讲求艺术,不是信口开河,不是故作奉承。一位美女,从小到大不知道听过多少关于自己容貌的漂亮话,你的赞美说得再真心实意,对她来说实在是听得腻了,像秋风过耳一样不留痕迹。而对于一位相貌普通的女士,哪怕你随口夸赞她一下"今天衣服很好看啊,你穿显得皮肤特别白",她也会美滋滋地回味上好一阵,回到家中在镜子面前流连忘返。反过来,如果这位相貌普通的女士是位大才女,无论你再怎样热烈地鼓掌,她也不过礼貌地一笑了之。假如你夸夸美女文章有灵性,她反而会觉得你是个真正懂得她的知音。

可见,如果一个极其普通的女人你非说她美如西施,无异于骂她。若你夸她看上去很有个性、耐看,则她能乐意接受。对天生丽质、光彩照人者,你正面表扬她,只会自讨没趣,不如反其道而行之,有意谈谈她平时气色一直不错,今天的气色却不太好,服装搭配也不太协调等,这样的以贬代褒,反而使她对你产生好感,认为你在注意她、关心她。

夸奖女人我们隆重推荐用"可爱"这个词,可爱似乎是一个万能的词汇。人们常说,女人不是因为美丽才可爱,而是因为可爱才美丽。就是白发苍苍的老太太也照样可以夸她可爱。

来自爱人的鼓励往往就是最俗气、也最需要勇气的三个字——"我爱你!"可是有很多人都不明白这个道理:金钱、地位、豪宅、华丽的服装、优越的生活环境……有什么能比这三个字更有力量,更能让一个女人从困境中走出来,获得继续前进的勇气呢?

最后,夸女人还要把握四个原则:

话要发自内心,越真诚越好;

要及时,每当她有突出表现时,要不失时机地表扬;

要有意识地在女人背后表扬,从别人嘴里听到爱人的表扬,更能起到激励爱人进步的作用;

不要总"君子动口不动手",有时也要积极帮爱人做点什么,但尽量做得质量差一些。要让爱人感觉到,你确实能力不如她,让她产生强烈的心理优势和优越感。

## 好男人是女人捧出来的

著名畅销作家虹影说过:"对付男人,只消经常闭上眼睛说一句话。办法着实简单好用,只需昧着可有可无的良心不停夸男人——'你最棒'。"

在婚姻中或恋爱时,没必要强调孰是孰非、谁强谁弱。特别是女人,更该清醒地认识到这一点。在自家男人面前,争强好斗有啥甜头,示一示弱又能如何?这男人纵然浑身恶习,可我们已然跟了他,就把他当最好的男人对待吧。连孩子都需要鼓励,何况男人?所以,把可有可无的"良心"先昧掉,等夸完了再看效果,发现男人红光满面、双目炯炯、腰板直挺,你再吩咐他做什么也痛快了。

有人说,爱是新鲜的空气、温暖的阳光和纯净的水。而你给了爱人什么呢?怎样才能鼓励一个男人?答案也许就在你的身上。比如,你可以给你的丈夫写一封信,告诉他他在你的眼中曾经是多么聪明、勇猛、多情、善良、心灵手巧、温柔体贴,他曾经是你和孩子的骄傲!你岂止只是能"忍受"他,而是那么欣赏、敬重、珍惜和仰仗他……这个丈夫又怎会还怕你"更看不起他",让你受苦,又有什么理由堕落,不负担起一个男子汉应该负担的责任呢?

男人其实只是一个长着胡子的孩子,无论外表怎样坚强,他的内心都是柔软、脆弱的,需要你的安慰,需要你温柔肯定的言语。当女人不再感激男人的付出,甚至有些鄙视他的心意时,男人还会渴望回家,还会觉得家是温暖的港湾吗?可见,很多男人婚后越来越有出息,一是跟他们老婆的教育方法有关,二是确实与他们的个人素质有关。让坏男人变好,让好男人更优秀,"捧",始终能派上用场。因此,某些老男人一味贬斥女人的"捧经",也算傻了。

捧男人要有分寸。比如他长相丑劣,你偏偏要夸他是潘安转世,那就更打击他了,不如夸他气宇轩昂。

好男人是捧出来的,只有毫不吝啬地赞美他,让他深刻感受到你的爱意与体贴,让他在你的赞美中觉醒奋起,打造出一片属于你们的蓝天,那么婚姻才会更坚固、更美满。

## 找准爱人的优点,随时说出"你真棒"

像前面提到的《乱世佳人》中的梅兰妮这个女人,之所以让人难忘,是因为书中所有的人无论男女都热爱着她,依赖着她,将她当作生活的支柱、心中的信仰。就连玩世不恭,喜欢嘲笑世人的瑞特先生也打心眼里尊敬她,称她为"毕生所见绝顶高贵的夫人之一"。为什么她具有如此的魅力?看看作者是怎么描述她的品格的吧。

她始终只看到人家的长处,好心地谈人家的长处。自己的仆人再笨,她也找得出人家忠心和厚道的可取之处;姑娘再

丑,她也看得出人家神态优雅、性格高尚的长处;男人再卑鄙、再讨厌,她也不根据人家的现状来看,而是根据人家变好的可能来看。人家做梦也想不到自己身上有什么优点,她倒发现了,那谁还抵挡得了她这份魅力啊!城里人谁也不像她拥有那么多女朋友,也不像她拥有那么多男朋友。

从这段描述中,我们可以找到梅兰妮的魅力所在——她善于称赞别人,让每个人都得到了肯定、快乐、自信、鼓舞。但是这些人真的就像梅兰妮所称赞的那样好吗?那倒未必。书中隐讳地指出,梅兰妮的所作所为只不过是遵循所有姑娘受的闺训罢了——就是要使身边那些人感到舒服和满意。事实上,梅兰妮说客气话和奉承话是有心让人高兴,即使一时高兴也好。

如果你能找出别人身上的优点并予以赞美,或者说,找出理由让赞美显得真诚而不是随口虚夸,那么你的生活中会出现更多的笑脸,而你就是第一个受益者。

处在两性关系中的男女们,如果你想获得完美的爱人,并不需要去远方寻找,只需要找到爱人的优点狠狠夸赞,随时随地告诉对方"你真棒"、"你在我心目中是最完美的"、"我相信你,你一定行"……久而久之,爱人就会逐渐成为你梦想中的那种完美情人。

# 场景 l0:打动顾客,语言艺术是开路先锋

　　推销员与准顾客交谈之前,需要适当的开场白。开场白的好坏,几乎可以决定这一次访问的成败,换言之,好的开场,就是推销成功的一半。开场白是人与人沟通的开始,也是决定双方是否有兴趣谈下去的关键。顾客千人千面,喜好因人而异,你只有用迎合性的语言艺术作为开路先锋,投其所好,一个个去攻克他们。这样才可以打动每个顾客,获得最后的生意。

## 用对方感兴趣的话题,撬开他的嘴

　　推销过程中,经常会出现这种情况:推销员滔滔不绝,顾客却缄默不语,嘴巴像是上了锁;要不就是彼此话不投机,使顾客拂袖而去。之所以出现这样的销售瓶颈,是因为推销员没有找到顾客兴趣按钮的原因, 没有说到顾客真正想要听到的信息。所以,推销的关键就在于,你是不是能够迅速找到对方喜欢的话题。通常情况下,你总能通过下面六种方式找到对方的兴趣点:

　　最近发生的大事。国际国内的、文化演艺的、经济政治的都可以,因为报道铺天盖地,是每个人的关注点,每个人都有话可说。

发生在身边的小事。比如楼下车祸、写字楼电梯出问题、粮油又涨价等，人们会非常关注这些出现在自己生活中的信息，情不自禁地和你交流起来。

以对方的衣服和饰物作为交谈点。如衣服、耳环、领带，如果你表示赞美并询问何处可以购买的时候，大多数人都乐意和你交流信息，交谈也就由此展开。以衣饰作为交谈点，这一条对女性特别有效，如果你能一语道破她身上的某个名牌，并谎称自己上次想买没买到，她将会得意的和你交谈起来。

注意观察周围的环境，以此来找到交谈的话题。比如说观察对方的书桌，书桌上散放的书刊、小玩意、吃剩的零食等东西，都在向你述说主人的爱好所在，你需要做的就是谎称自己有同样的爱好。

观察对方正在做的事情。如果他正在看报，报纸的头条无疑是个好的话题，如果他正对着电脑，你就可以向他抱怨一下最近肆虐的病毒。

如果不巧你得不到对方任何提示信息，那么还可以根据性别的不同，用他们通常都感兴趣的话题碰碰运气。

□ **男生通杀话题大总结**

对于男生，我们可以多谈他们感兴趣的话题，如体育、游戏、数码产品、汽车等。通过这些关键词，虚拟相对应的话题，实行轮番战术，直到套出他们感兴趣的兴奋点。

体育方面，如果他不喜欢足球，那么你们可以聊聊篮球；如果他不喜欢篮球，你们可以谈谈网球；如果他不喜欢网球，也许尝试一下台球和高尔夫，或者棋牌运动。如果他还是不感兴趣，那……他还是男人吗？

游戏方面,CS、星际争霸、魔兽争霸三大竞技游戏是大学时代男生的最爱，你可以在和他探讨战术的同时把他拉入回忆之中,营造青春年华的初恋氛围。

数码产品方面，尽管他用的可能是低端手机和劣质MP3，但是这无损于他对高科技数码产品的向往。说到品牌和规格,保证他会谈意浓浓。

汽车方面，汽车从诞生的那一天起就是男人们最爱的物件。他们喜欢那种速度与征服的感觉,无论是否有足够经济实力去拥有它。

□ **女生通杀话题大总结**

对于女生,采用的原则是和男生一样的,对她感兴趣的话题进行轮番轰炸。比如女生对购物、减肥、星座感兴趣,就可以从这三个方面入手。

女人永远对购物充满热情，如果你能提供一些打折促销的信息,拿出些优惠券和会员卡分享,保证你从此大受欢迎；女人的衣橱永远少一件衣服,身上永远多一块脂肪。

关于减肥这个话题，每个女人都有一段血泪史要和你分享；女人是感性动物,所以相信命运。

女人是非理性动物,所以难以掌握各种繁复的算命方式。猜星座、看手相、测姓名,都是你开口搭讪的好话题。

## 换种方式敲开客户的房门

小肖做销售似乎有些天赋,别的售楼员"门可罗雀",他却顾客盈门；别的售楼员介绍两句，哪怕多说点带推销意思的话,都会看到顾客的白眼,可是他却和顾客说说笑笑、轻轻松

松就签下合同,甚至老客户还会主动带来新客户。

　　他的经典战役就是以一个软件行业新手的身份拿下了华东地区几年来最大的一个订单。

　　一家公司想重新更换系统,预算资金上亿,几大商用软件公司都虎视眈眈,有的公司甚至为此专门设立了临时部门。可是银行负责这个项目的副总油盐不进, 对于来攀交情的人一律谢绝,再纠缠就很不给面子地赶出门去。一时间,大家都如老鼠拉龟——无从下手。后来订单并没有落到最具竞争力的三家软件公司中, 倒是被尚处业界二线的小肖的公司收入囊中。在最后的签约会上,项目负责人和小肖勾肩搭背地闲聊,宛若多年老友。大家知道了都很奇怪,小肖是怎么搞定了这个老顽固的?

　　在一次聊天中,小肖将自己的手段和盘托出。

　　项目负责人是很有戒心的, 如果你怀着赤裸裸的目的去和他结交,那么他只会用怀疑和提防的神色看着你,在你的言谈和项目上挑刺,你不会得到任何好处。所以我打听到他喜欢武术,每天都去公园舞剑打拳后,就装作对这些很感兴趣的样子来到公园,一来二去地搭讪就认识了。在这样的环境下,他是没有什么心防的。

　　认识之后,如果我露出是为了订单才接近他的真面目,那么很可能会引起他的反感,之前的一番工夫全部泡汤。所以我选了一个时机装作和他巧遇才知道他的真实身份,瞒过自己的动机,让他对我的态度从八小时之外延续到八小时之内。之后我又不断运用各种手段,加强他对我的好感,比如编造一些自己的委屈引起他的同情啊, 告诉他一些编造的公司小秘密啊,装作疾恶如仇和他一起抱怨不平现象之类,成功地使他信任我,将我视为知己。

这时候我再向他述说一些各个公司软件的优劣就很容易取信于他了。为了不显得我有意凸显自己公司产品好,我还为我们的软件编造了几个无伤大雅的小缺点,让他相信我没有吹嘘自家的产品。这样一来,在他心中成功地形成了我们软件缺点最少、优点突出的印象,订单自然跑不掉了。

销售员最容易遇到的就是人际关系的坚冰,硬碰硬,只会让人对你更加反感。而谎言恰好是破冰利器,只要你应用得当,那么销售最困难的一关就可以一跃而过了。销售员应该掌握以下七种利器。

**□ 利器一:赞美**

要是你开门见山地说起人家不感兴趣的话题,那么别人为什么要把时间花在和你交谈上面呢?如果你确定什么话题能引起对方的兴趣的话,就请以赞美作为开头吧。没有人会拒绝赞美,哪怕明知你说的是假话也会乐意接受。所谓伸手不打笑脸人,你的赞美至少能为你赢得一个继续说下去的机会。

**□ 利器二:巧遇**

你越刻意,对方越会认为你是有所求而来,越会对你提高警惕。然而一次巧遇让你走入他的视野,他未必会怀疑你的目的,甚至在你和他建立起交情之后认为这就是朋友缘分。这样的出现方式比找上门去谈判好多了。

**□ 利器三:理解**

"酒逢知己千杯少,话不投机半句多。"人人都在寻找知音,一个投机的话题,会使得木讷的人变得健谈。一旦你可以

和别人建立起如此顺畅的交流渠道,那么你就拥有了更多的机会去实现你的目的。何况以你在他心目中的地位,说的话要比其他人有分量多了。

☐ **利器四:爱好**

一个人可能对公事上的来往抱有极强的戒心,但是对于志同道合者就宽容多了。如果你能够在对方的爱好上下功夫,成为他八小时之外的伙伴,那么你们的私交将会衍生到工作中,成为你实现目的的一大助推器。

☐ **利器五:示弱**

"人之初,性本善。"人总是同情弱者的,所以有时会出现"会哭的孩子有糖吃"的现象。当你将自己的处境描述得困难的时候,对方往往就会降低警惕,卸去心防,愿意以自己的力量来帮助你。

☐ **利器六:秘密**

当你肯把秘密告诉别人的时候,你已经将对方划入了自己可信任的亲密人员范围内。而对方有感于这份诚意,也会报之以李。所以交换彼此的秘密往往是拉近心理距离的妙招。

☐ **利器七:掩饰**

没有人喜欢被人利用,被利用者往往会被扣上愚蠢的帽子。所以当你抱着功利性的目的和别人结交的时候,再真诚也会招致反感,大家对你退避三舍。所以在交往的初期,最好用谎言掩饰住你的真正目的,等到成功建立交情之后,再开口就成了朋友之间的帮忙,更容易被人接受。

# 场景 II:10 个生意高招

商场如战场,兵不厌诈,多谋是福。善用语言艺术,你会发现许多矛盾便会迎刃而解,财源滚滚来。明明是好商品,为什么顾客就是不肯登门呢?既然你已经过了质量关,那么接下来你需要的是一点销售技巧,让白色谎言去对付顾客消费心理上的种种问题吧。

## 高招之一:虚拟品牌

品牌硬不硬,往往成为对方实力的重要衡量标准。而顾客在选择商品的时候,谁又不愿意购买实力商家名下的商品呢?哪怕价格质量相差无几,但是许多隐性的升值空间却不是一时能说清的。

住在电业局家属区旁边,至少能保证供电,不需要三天两头买蜡烛;买这家公司的股票,是因为不少有实力的企业家有股份,至少保证不会下跌得很厉害;买那家公司的家电,因为知道它有着强大的国有企业出资撑腰,至少不会赚点钱就跑,让售后服务求告无门……因此,在商品销售的时候,不妨吹嘘吹嘘自己的品牌,哪怕不是那么硬的关系,也要说成板上钉钉的事情,顾客自然会将这些附加值列入考虑范围中。

## 高招之二：搜罗案例

中国人向来缺乏"头羊"精神，许多时候都希望别人做"第一个吃螃蟹的人"，自己可以观望观望效果，看看形势再作决定。所以，即使是自己觉得不错的东西，也很少独立做出购买的决定，而是希望有人一起承担这个购买的后果，"好"，自然皆大欢喜，"不好"，也可用自己不是最倒霉的人安慰自己。因此，要是对自己的商品有足够的信心，不妨用案例来进行说服。借用员工的真实资料，引用科学研究数据，夸大一下效果，掩饰一下失败的可能，你的话会具有很强的说服力。

## 高招之三：虚拟伙伴

中国老话说得好："看其人，观其友。"所谓"物以类聚，人以群分"，即不是一个档次的人很难相交。尤其是商场上各种关系说到底都是利益关系。就算是友情援助、大力扶植，至少你也要是个可造之才，扶不上墙的阿斗是没有资格和大商家们并列的。

因此，当顾客看见一个商家的合作伙伴都是实力派的时候，就会认为这个商家就算不那么知名肯定也是有些实力的。根据这一点，在宣传自家商品的时候，不妨在事实的基础上夸大一点点，给人家留个好印象。

如果一起开过高峰会议，参加过商业论坛，不妨说自己和与会的知名商家是战略联盟；如果之前和知名商家有过合作，哪怕再小，也要说是友好合作对象，有着长期合作关系；如果被某位实力甲方或者媒体表彰过，更要大吹特吹，抬高自己的地位。

# 高招之四：产品热销

有个笑话，说一个人因为流鼻血而站在那边仰望天空，不一会儿周围就聚集了不少人站在周围一起看天。等到这个人停止流鼻血后，却发现四周都是人在看天，觉得很奇怪。周围的人解释说："大家都在看，肯定有什么事情。"这人想了想，于是又重新抬头看天。

这样的笑话还不少，有人路过商店发现很多人在排队，于是也跑过去排着。朋友问他这是准备买什么，他回答说不知道，只是看着人多肯定有便宜占，先排队占个位置再说。

从众心理是一种奇特的心理现象，当一群人蜂拥而上干一件事情的时候，不少人也会完全相信大众的选择，不顾个人条件，不考虑实际情况而投身于此，完全失去理性。所以人们愿意在客满的餐厅外等候，也不愿意去一家"门可罗雀"的饭馆用餐。

因此，当一样商品变得热销的时候，它就会在某些人眼里变成十全十美的东西，非要据为己有。利用这一点，虚构出热销的假象，是带动销售、打破冷场的好方法。

虚拟热销通常有三种好方法：

1.利用媒体吹捧：在报刊、杂志或者网站上发布商品热销的消息，这样会有很多人看到，从而引起注意，甚至前来购买你的商品。

2.雇人排队：雇佣兼职者制造排队的假象，利用人们的从众心理前来消费。

3.故意缺货：明明有货在库房，但是不拿出来卖，告知顾客商品紧缺，明天请早一点前来购买，进一步吊起顾客们的胃口。

## 高招之五:数字游戏

统计学是非常奇妙的游戏，不同的方法可能会有截然不同的后果。熟练运用这个工具,你可以给那些迷信数字的顾客描绘出极具诱惑力的商品。

一百个人中，有20%喜欢 A 品牌，有40%倾向于 B 品牌，35%信赖 C 品牌,还有十多个牌子共享5%的市场份额。如果要说 A 品牌名列第三,再列出 B、C 品牌的支持数据,那么大多数顾客都会更注意 B、C 品牌。但是换一种说法,如排除 B、C 品牌,仅仅将 A 和十多个小牌子做比较,那么 A 品牌的支持度会上升到90%以上,成为当之无愧的首选。

销售员可以像上面的模式一样,与顾客玩一些数字游戏,当然,最终目的还是说明你的商品不错,选择你所推荐的商品是明智之举。

## 高招之六:让对方觉得占了便宜

性价比再高的商品对于顾客来说，都是真金白银买来的,再好都是应该的。而一些小赠品却能以免费的面目打动犹豫不决的消费者,认为自己不劳而获,占了大大的便宜。在人们心目中,赠品因为免费,所以不是以市场价值衡量的,而是以数量的多少来进行比较,与其提供一件精美高价的赠品,不如拿出一堆让人眼花缭乱的小玩意。

在销售商品的时候,不妨多提供一些小赠品,那些看似不值什么钱也没有太大实际用处的东西，往往会成为销售员说服顾客的亮点,那种有"便宜不占,过了这个村,就没那个店"

的心理会促使对方尽快做出决定。

　　当然，让顾客觉得占了便宜，不仅表现在赠品上，有时，还可以装出很为难的样子说："这个价格卖给你，我肯定会亏本。这样吧，你再加一点，要不你买两件，或者你再加钱，搭配着另一件买，这样我就不至于亏损那么多。"

　　总之要装出让对方占了很多便宜的样子。

## 高招之七：打折返券

　　"三思而后行"有时候是一种误导，让人觉得自己想得越多，算得越多，结果就一定更有利于自己。推出各种各样的返券和打折优惠，会让人在精心比较之后选出自认为实惠的购物方式，不再将注意力放在物品本来的价值上。而实际上打折和返券的额度早就算好了，将商品的标价提高，再怎么促销也亏不了本。

## 高招之八：恭维和高帽子

　　一个行家做出的决定，是不是比一个外行更正确？答案是肯定的。但正是因为如此，行家购物的时候不太谨慎，因为很少有人能够欺瞒过他们的眼睛；而外行购物的时候会多做许多准备工作，掏钱的时候犹豫再三，生怕自己因为无知而吃亏。

　　如果一个人觉得自己就是行家的时候，会对自己的决定很有信心，同时就会疏忽很多细节上的问题。销售员正是利用这一点，用恭维和夸赞把顾客捧成"行家"。比如，"您真懂行"、"你比我这内行的还要熟悉得多"、"看得出来你是个老手了"、"你做了很多准备工作吧，怎么这么了解行情"等，这些话绝对

会给销售带来不少好处，报高价格、隐瞒缺陷都不是销售员的责任，因为谁能瞒过行家里手的眼睛呢！

## 高招之九：熟人好"优惠"

朋友之间道义相交，自然不会把你当作一般顾客那样去赚钱。好质量、低价格、高折扣、多优惠是作为朋友应该享受的福利，但是也有"杀熟"这一说。正是算准了顾客以为朋友不会赚自己钱的想法，才放心大胆地提供超出市场价格的商品给他们。因为是朋友提供，所以对方肯定会认为这是优惠的，不会做太多的市场调查和比较而直接掏钱。所以让销售人员迅速和顾客建立起熟络亲密的关系，就更加好赚钱。

## 高招之十：商品配件分开卖

走进电脑城你会发现，到处都是一台电脑4999元、3999元的海报，突然有一家差不多配置的但价格要便宜好几百元的店，对方解释说自己是批发商，所以价钱便宜，于是你打定主意在这儿购买。

结果是主机的配置虽然差不多，周边的配件却需要你自己掏钱。机箱无线网卡、鼠标键盘、耳麦音箱摄像头、杀毒软件和系统光盘，样样都另要钱。最后算起来，总价可能远远高于一次购买整台电脑的价钱。

一次性购买整套，过高的价格会引起顾客的谨慎心理，反而会变得挑剔和犹豫。以较低的价钱出售商品的主要部分，促使对方很快做出决定，然后细水长流地以配件赚钱，是很多商家赢利的不二法门。

# 场景 12:商务谈判:掩盖你的底牌

兵法有云:"知己知彼,百战百胜。"商场如战场,如果被人摸清了你的底细, 那么这场较量还没开始你就已经处于下风。"逢人只说三分话,未可全抛一片心",用智慧的语言掩盖自己的底牌, 才能在谈判桌上出其不意地一击制胜。

## 扮猪可以吃老虎

谁都知道战争中轻敌是致命的缺点, 可是当对手的的确确是个傻子的时候,你再谨慎也难免会放松警惕,结果在对方摇身一变,露出韬光养晦的真面目时,你可能会被对方打得落花流水。

有家工厂和外地一家贸易公司打算合作将纺织品卖到北欧去,意向都已明确,就剩最后敲定合同细节。虽说路已经走了 99%,但是大家都知道,这才是整个生意最重要的 1%。是赚得盆满钵满,还是将巨额利润拱手让人,自己只赚点稀饭钱,就全靠这谈判桌上的利益分配了。

贸易公司很重视这个事, 由副总经理带头成立了谈判小组,准备和老奸巨猾的厂长打一场硬仗。大家摩拳擦掌,准备了不少资料和应对策略,还分成两边模拟谈判,誓将对方压制

在自己的三寸不烂之舌下。

可是眼看谈判日期临近了,养兵千日的部队就等"用兵一时",对方厂长却打来电话说自己有事走不开,让自己的儿子代自己一行,合同的事情由儿子全权做主。

几天后,这位厂长的公子来了,一脸的阳光灿烂,带着太阳镜穿着大花T恤,看得几位西装革履的商务人士一愣。原来这家伙是从夏威夷刚回来,打扮还没换下来呢。

当晚的接风宴上这位公子更是尽显纨绔子弟的作风,对与工作有关的话题一概没兴趣,目光不离在酒店走秀的模特,口中话题不离香车美人和当地的美食。一顿饭下来大家心里有数了,这不过是个不学无术的败家子。

接下来的几天谈判小组形同虚设,都觉得要搞定这么一个家伙太容易了,于是乐得轻松,今天陪公子吃饭,明天陪公子游玩,顺便自己也放松放松。可是几天后谈判中公子的所作所为让大家大吃一惊,虽然还是穿着花花绿绿的衣服,这位看起来只知道吃喝玩乐的家伙竟然变得出奇的精明,每个问题都问在关键上,搞得谈判小组的人措手不及、气势尽失,最后在公子的谈笑自若中完全失去了信心,匆匆签订了"不平等条约"。

这位公子其实早在父亲的影响和栽培下,变得精明干练,那副不学无术的嘴脸不过是他的伪装而已。可见,想要让你的谈判对手失去警惕,扮"猪吃老虎"是个不错的主意。

## 假装不在意

有人说,爱情中谁爱得多一点,谁就注定是付出更多、伤心更多的一方。因此不少时尚杂志都教授痴男怨女说,别先把

"爱"字说出口,别让对方知道你很在乎他,别让你的在意纵容了对方无所谓的态度。情场如此,商场亦如此。一切都如朱德庸所调侃的一样:一件事情如果你不紧张,那么就有人会紧张了。

都说红星机械厂和天纵集团合作占了大便宜,对方是行业内数得着的大公司,其股票刚在香港上市,号称要打造国际品牌。而红星机械厂是个在 20 世纪六七十年代曾经风光一时的国营工厂,如今却举步维艰了。不过,虽然天纵集团提出的合作条件很优厚,但是却斩钉截铁地拒绝接收红星机械厂的两千多名在职职工。一时间,双方僵持不下。

天纵集团的老板倒不是很着急,毕竟红星机械厂的条件也不算特别好,自己提出的条件也不错,相信厂长、书记合计合计就会答应,不过是希望尽可能多争取一点利益吧。自己只要耐心等对方来敲门就好了。

可是一等就是两个多月,红星机械厂那边没一点动静。老总坐不住了,毕竟红星机械厂那块地皮太值钱,保不准就有人要和自己抢。而厂内 20 世纪 90 年代引进的一批德国机器只要维护一下就能直接开工,一点儿不落后。这笔生意其实是很合算的。

越想越觉得自己不能失去这笔生意,派人打探一下,竟然得到这样的消息:红星机械厂书记当初拍着桌子骂自己,放言说就算是大家一起饿死,也不能把那两千多名职工当牺牲品。还说别的没有,人有的是,就不信找不到肯接收工人的合作方,让天纵集团这个吸血鬼一边凉快去吧。

老总真急了,连忙和红星机械厂热线联络,不但答应接收全场职工,并且又许诺了一些优惠条件,终于将这事敲定。

眼看是强弱分明的两方,为什么顿时优劣势倒转呢?红星机械厂书记用的其实也就是上面爱情兵法的变形,自己装得满不在乎,自然就轮到对方"我为卿狂"了。

## 再坚持一下

所谓关心则乱,虽然假装不在意,可心中总怕夜长梦多,每一分钟都是煎熬。但是你在煎熬,对方也在煎熬,比的就是谁先放弃坚持。忍无可忍的时候,是勉强自己再忍一下,还是就此放弃,事情的结果可能就会截然不同。

## 打响价格心理战

《我在美国卖汽车》这本书,讲述了作者当初在美国做汽车销售人员的种种事迹,其中不乏可以当作销售培训教程来看的情景。里面有一句话就是:"你所做的不光是卖出汽车,而且还要掏光顾客口袋里面的每一分钱。"

销售就是一场价格心理战。你要做的不仅是赢利,而是尽可能多地赢利。对于顾客来说,希望的也不仅仅是买到合适的商品,而是以尽可能低的价格买入。双方的博弈成就了最后的订单价格。

如果是一个价格可变幅度不大的商品,那么这场战役可能没打就先偃旗息鼓。可是对于价格起伏很大的商品,比如房子、汽车、数码产品和家电,那么到底能卖出多少钱就要看你的本事了。

　　聪明的销售员，一开始绝不会说出自己的底价，而是想办法摸清楚对方的心理价位是多少，然后报一个初始价格。这个价格和商品的成本没有一点关系，仅仅是一个根据对方心理价位算出的数字。如果一个人愿意拿出十万元买车，心理价位是八万元左右，那么他能够接收的价格可能在十三万元，而初始价格可以报价十五万元。

　　再根据这个初始价格进行谈判，一点一点地下降，你可以做出艰难又痛苦的表情，不断到内堂"请示领导"，然后在对方可以接收的价格时候打住，等待对方觉得这个价格的确划算又来之不易且自己可以接受时，你就可以得到那张订单了。报出适当的初始价格时，再怎么砍价，你都能榨出尽可能多的利润，榨干顾客手中的钱。

　　潘石屹说，你选中的理想房子永远会比你的预算多10%，这里面有一定的顾客心理研究，但是更多的时候，我们相信这多出的 10% 很可能就是售楼小姐们在价格心理战中的战利品。

## 别透露行程

　　能够坐到谈判桌上，彼此已经花掉了太多的时间和金钱，谈判一旦失败，所有的付出都成了成本。所以会出现不少延期的谈判或一而再再而三翻脸后又坐下来协商的谈判，却很少出现真正因失败而放弃的谈判。

　　既然目的明确就是一定要达成协议，那么谁都负不起这个造成谈判失败的责任。如果你时间耗尽必须尽快谈判成功，你也就不得不一再让步，反正合作通常都是双赢的，只是谁赢

得多谁赢得少的问题。

嘉应贸易公司迎来了德国客户,从到机场接机开始就不时试探着对方的日程安排:

"您打算什么时候离开,我们好安排秘书为您订票!"

"你在这儿待几天？我们这可是旅游城市，我来给你安排行程,保准你吃好玩好!"

"你住哪个酒店,住多久？让我们尽地主之谊为您付账吧。"

德国客户一看对方这么热情,高兴得合不拢嘴,看来对方很重视这次谈判合作,自己尽可以狮子大开口要价了。可是接下来的几天里,自己不是被安排到这个景点游览,就是被拉到名胜观光,自己催问什么时候谈判,陪同人员不是说这个负责人出差,就是那个负责人没时间。

一天拖一天,眼看到了最后期限,德国客户手里拿着的是第二天的机票。大家终于坐下来谈判了。一遇到僵持不下的问题嘉应贸易公司就熄火,说:"别急,别急,慢慢谈。要不咱们休息下,多考虑考虑？"

德国客户一边心中暗骂你帮我订的机票,又不是不知道我没时间慢慢谈,一边不得不步步退让,最后只得签署了一份让嘉应公司占尽便宜的合同。

上飞机后,德国客户心想:下一次,我绝对不会告诉别人我真正的时间底线。

# 场景 13：失落时，不妨学学阿 Q

　　面对生活中的坎坷与挫折，每个人都会有灰心丧气的时候。如果沉溺于现实的苦恼，你将很难再有勇气东山再起。这时候欺骗自己，是为了保护自己，为了给自己重新再来的勇气。

　　对那些怀着不切实际幻想的人，对那些爱做白日梦的人，对那些喜欢夸赞自己昔日辉煌的人，对那些失败之后又不甘心、喜欢用一种不屑的态度对待他人成功的人，我们常常称为"自欺欺人"。其实，这样的自欺欺人在我们这个竞争激烈而胜利者只占少数的时代里，有时候还是很有必要的。它可以帮助人们缓解精神紧张，它用一种谎言使人们得以平衡理想与现实。

　　俗话说："退一步海阔天空。"很多事情，如果我们只从当时当地去考虑，是无论如何都咽不下那口气的。同样投资股票，为什么有的人赚得盆满钵满，而有的人却赔得一干二净？同样用心地参加考试，为什么有的得第一，而有的却榜上无名？同样真诚地恋爱，为什么有人找到了幸福，而有人却受到伤害……这些问题其实是没有答案的。我们通常说这是运气，那是缘分。其实，这样的话就是"自欺欺人"的谎言，但这样的谎言可以把人们从竞争失败的刀尖上拉回到一个平缓的地带，暂时咽下这口气，重新开始生活。

# 其实没有那么严重

小曹失恋了。初恋，三年的感情。就像张学友歌中所唱的那样："三年的感情一封信就要收回。"

小曹和女朋友是大学同学，大一时眉来眼去一阵后，大二时开始出双入对，有过不少甜蜜的日子。

可是到了大四时开始找工作，小曹想去北京、上海这样的大都市，觉得机会多、发展大，女朋友却打算回到家乡一个三流城市过稳定的小日子。两人谁都想说服对方，但谁都不肯让步，在闹了无数次，生了无数次气后，最终以女朋友的不辞而别，为这段感情画上了句号。

对于小曹来说，这实在是狠狠的一击，他不明白女朋友为什么非要回到那个小城市去过平庸的生活，甚至狠得下心不见自己最后一面就离开。

走在校园里，每处都是记忆，每处都会勾起自己的伤痛。小曹开始借酒浇愁，在各种为同学饯行的聚会中喝得酩酊大醉，找工作的事也被搁置在一边。

一个好朋友也要离开了，走的时候拉着小曹语重心长地谈了一番，告诫他不要为了儿女情长耽误自己的前途，现在最重要的是找工作，再耽误几个月，工作机会会越来越少，到时就被动了。

小曹不置可否地苦笑着。

朋友理解他的心情，有些恨铁不成钢地说："别以为失恋就是世界末日，想开一点，你失去了什么？没有！你只是得到了1000多个幸福的日子。何况现在的情况说明你们骨子里是不合适的，一个喜欢挑战，一个喜欢安稳,你失去的只是一个不适合的人，未来还有很多时间让你去找到一个真正适合你的女孩。你得到的都是美好的东西,失去的都是不值得留恋的东西,你还摆出这副要死要活的样子给谁看？"

回到宿舍，小曹翻来覆去地琢磨朋友的话，越想越有道理,似乎事实并不像自己所想的那样:自己白费了感情，又失去了真爱。慢慢地,小曹觉得自己好像没有当初那样伤心了,开始继续投身于找工作的大潮中。

以后的几年中,小曹专心地工作,出落得成熟大方,也找到了适合他的女孩。回想当年,他甚至已经不太记得。

人是有表演欲的，所遭受的每一个细节都会在自己心目中放大。对于爱情这种生活中的重大事情,每个人都喜欢在心里演绎出各种各样的片段,越是精彩,越是投入,结果就越发地不能自拔。

其实你只是在满足自己的表演欲罢了，你没有自己想的那样深情伟大,所遭受的也未必就是真正的灭顶之灾,只是和自己的幻想在做游戏。可是这种游戏只会让人痛苦,消磨人的意志和时间,那么就请用另一种积极幻想来代替它吧。

回忆美好细节时,你应该高兴自己曾拥有过;回忆不好的细节时,你应该庆幸自己的生活不会再发生这样的事情;感觉舍不得的时候,想想你可以得到更好的;觉得自己很失败的时候,想想自己的优点,回忆几件值得骄傲的事情,以及自己的雄心壮志。

## 任何事情都有两面性

事物总有正反两面,如果你执着于事物的负面,那么你只

会给出负面的评价,沉浸于自己的遭遇中不能自拔。

龙正被公司辞退了,这算是本来度业界的一个不小的新闻:毕竟到了龙正这样的位置,就算不是宾主不能共处,在那样的公司里迟早会生出是非来。

龙正也为此心烦。明明是董事会任人唯亲,提拔一个不学无术的家伙做人事总监,害得不少骨干离职,招来不少"垃圾"滥竽充数;又从上面空降一个财务总监,把财权抓得死死的,连自己这个 CEO 要做个促销活动都不肯签字给钱,说是太奢侈超标了,这工作简直没法做!

和董事会商量不是一两天了,最后双方都闹得不愉快。去年公司的业绩大幅度下滑,龙正如实地反映情况,董事会竟然认为他是巧言狡辩、推卸责任。还没等到龙正把辞职信写好,人力资源部就通知他不必上班了,连例行的辞职程序都省略了,看来董事会宁可拿出高额的违约金也要羞辱一下他。

眼下自己失业,位高权重者被辞退成为业界笑谈,加上去年业绩下滑的时候,指不定外面怎么传呢。以后要找个合适的工作可就难了。以后的路怎么走,是龙正现在最关心,也是最烦恼的,在他看来,自己似乎已经到了绝路。

人有时候是庸人自扰,一旦发生什么事情就将自己当作明星,以为事情会传很久,让自己无法见人。其实除了明星的狂热粉丝,没有谁会关心谁很久,在自己看来惊天动地的事情,到了别人那说不定连谈论的兴趣都没有。想通这一点,流言就很难真正伤害你了。

既然没有什么影响,那么决定这件事情对你的伤害程度就全看你自己了。如果你执意关注这件事的负面影响,那么只会让你越想越焦虑,感到问题是个死结。而跳出这个圈子,用阿Q精神安慰一下自己,你会发现事情未必很糟糕。

对于龙正来说,丰厚的赔偿金让他能够优哉游哉地生活一段日子,等于过着漫长的带薪假日。对于繁忙的白领们来说,这是梦寐以求的好事。关于被辞退的事情闹得越大,对事情感兴趣的人也就越多,事实的真相越容易被人挖掘出来,龙正也就不必为去年的业绩承担太多的责任,自然也就不会对未来找工作有太多影响。

人都是同情弱者的,就算是"公说公有理,婆说婆有理"的时候,弱势者也会赢得更多的同情,何况龙正本来就有冤屈。事情传开后,他会占尽舆论便宜,顺便将自己已是自由身的消息传遍业界,自然有好工作找上门。

如果可以这样想,龙正又何必苦恼呢?别以为你是最悲惨的一个,看看媒体的报道,你才知道自己遇上了多么有良心的老板;流言无法伤害不在乎它的人,你甚至可以将它视作增加业界知名度的方式;看看这件事情后,你得到了什么,钱?自由?更多的机会?与其觉得自己被教训了,不如想想自己也得到了经验;对方做得越绝情,你可以得到的同情就越多。所以,很多的时候,学学阿Q自我欺骗一下,能够让自己渡过坏心情的难关,何乐而不为呢?

# 场景14：开出有人情味的逐客令

中国是个讲究人情味的国家，喜欢说远亲不如近邻。北京四合院就被誉为最有人情味的建筑，而"鸡犬相闻，老死不相往来"的风格则遭到唾弃。然而有的人越来越注重私生活的隐秘性，更渴望拥有自己的私密空间，不喜欢被别人打搅。

但是偏偏有些人不知趣，来你家一坐就是半天，絮絮叨叨没完没了，让你不胜其烦。更何况，你也许上班累了一天希望早点休息，因为工作压力大需要更多的时间学习而不是无意义地闲聊，家里还堆着如山的家务等着去做。而这一切计划都被客厅里坐着的那个家伙破坏了，你又不得不装出热情好客的样子坐在那里聊着无趣的话题，良好的教养让你羞于出声赶走自己的客人。怎么办？让语言艺术为你战斗吧，委婉又坚决地将不请自来的打搅拒于门外。

## 借口要出门

知道又是那个讨厌的邻居在按门铃，于是你快速换上衣服，拿起皮包，打开门后一脸遗憾地说："哎呀，不知道你要来，我正打算出门呢。"

相信没有多少人会在主人不在家的时候坚持坐在客厅等候对方回来,也不会厚着脸皮要你取消外出办事的计划让你陪她闲聊。看着你一副急匆匆的样子要赶着出去,邻居只能说声没关系然后回到自己的屋子里。为了让你的行这更逼真,避免被揭穿的可能,你也可以真的锁门下楼,留给邻居一个远去的背影。几分钟后你神不知鬼不觉地返回,所有的时间就属于你了。

## 专注地干其他事

客人是应该被好好款待的,否则就是主人的失职。然而对于讨厌的不速之客,不妨反其道而行之,让他感受到被冷落了,让他从你的天地中知难而退。

小田的同事经常来小田家玩,一耽误就是整个晚上,满地狼藉不说,小田还得为此而购买大堆的饮料零食。久而久之,小田对这种聚会深恶痛绝。

于是再有同事上门的时候,小田会热情地笑着说:"我们这么熟,就不客气了,我这还有点事,你自己玩。"然后他跑到卧室或者书房干自己的事情。这边同事没人陪着聊天,也没有好吃好喝的伺候着,看了一会儿电视觉得没趣,也就告辞了。

## 当面亲昵不避人

中西文化毕竟有差异, 在国外当众搂抱和接吻都被视作平常,甚至会对这对恩爱夫妻报以掌声。但是在国内,这样的行为自己做不出来,别人也不好意思看。

针对这种情况,小甄豁出去了,只要客人赖在家里不走,

就和丈夫开始搂搂抱抱地亲热，情话绵绵，还时不时像故意提醒对方一样瞟一眼客人，或者压低嗓子说"有人呢"之类的话，务必要让客人不自在，感觉自己像个大灯泡般慌忙告别才好。

"非礼勿视"，原来也可以用在逐客令上面。

## 专用时间到

有人始终会认为你没有事情干会很无聊，他来陪你闲聊是一种恩赐，需要你笑脸相迎。对于这种和你有着完全不同思维的人，你根本无法向他解释清楚，你希望独自坐一会儿看看书、上上网，哪怕独自在阳台上仰头看天的意义所在。

既然对方只能理解你有事才能打发时间，那么你就告诉他你做某事的专用时间到了，他自然会知趣地离开。所以，好好利用下面这些专用时间作为借口。

孩子是最好的挡箭牌，所以陪宝宝做游戏，或者辅导宝宝学习都是不错的借口。爱美是每个女人的天性，你可以告诉对方现在是最佳运动时间或者面膜时间，没空陪她。民以食为天，你要去做饭了，永远是最好的借口。你昨天约好现在要打电话给某人，这是一个很长很长的电话，所以没时间招呼客人。

## 话不投机半句多

如果你总是出于礼貌敷衍对方，对方就可能觉得和你聊得投机，越发就会坐着不走。所以如果你想赶走这些讨厌的客人，那么别表示出对他话题的好奇心，半天才回答一句，毫不掩饰地表现出神思不定，他自然会感到无趣而离开。

如果对方脾气直爽或者暴躁，那么你可以积极地和他讨论问题，每一句话都像在抬杠。在你这里找不到共鸣，那他必定会到别的地方去寻觅他的知音。

如果对方小气多疑，你可以炫耀你所拥有的一切，装作毫不在意地说出让她感到嫉妒刺心的话。放心，以后她再也不愿意登你的门。

## 吵架给人听

如果你们都不好意思直接开口赶走不识趣的客人，那么不妨用一种隐晦的方式让他们知道自己的存在已经引起了麻烦，不管是出于羞愧，还是怕事，他们都会迅速离开。

小周夫妇就是这样做的。如果是小周的朋友久坐不走，那么就由妻子把他叫进卧室，不一会儿客厅里就能听见两人的吵闹声，以及小周够义气地辩护："他们是我的朋友，是我的好哥们，在客厅里抽烟又怎么了，你就这么矫情？"

如果是妻子的朋友不肯离开，那么就由小周把妻子叫进书房，然后客厅里就可以听见质问声："你明知道我在加班做事情还闹成这样，是不是想我做不完被老板炒鱿鱼？"

这样的声音传出后，两人若无其事地走到客厅，客人肯定会纷纷告辞，哪怕再挽留也无济于事。

**高手点拨**

## 戏假情要真

之所以要委婉地把不受欢迎的客人请出门，就是怕伤了对方的颜面。如果你在实施这些方案的时

候表演不够真实,不够自然,那么对方还是会知道你是换种方法给他吃闭门羹,一样会怀恨在心。戏假情真,才能发挥出白色谎言两全其美的神奇效果。

## 找个第三者

如果你其实很欢迎朋友们来坐坐,只是介意某些你不喜欢的客人,那么不妨请朋友来扮演第三者。只要他和那些讨厌的客人同时在场,你就将所有注意力都放在朋友身上,聊个欢天喜地不亦乐乎,然后像突然发现客人存在的样子说:"随意,随意,当是自己家里。"

没人能在别人家里当着外人的面随意起来,也没有人愿意在做客的时候遭到这样的冷落。只要你多来几次"三人行",他肯定会自动退出这个尴尬的行列。

## 让你的家失去吸引力

如果有人喜欢常去你家,那么你家必定有着吸引他的地方:可能是美味的晚饭,可能是高配置的电脑,可能是丰富的零食水果……"射人先射马,擒贼先擒王"。只要你从根上将这些吸引力改变,晚饭变成方便面,电脑坏了不能用,冰箱空空,缝纫机搬走,那么这些怀着目的而来的人将失望而归,另寻他们心中的天堂。

# 场景 15：忠言顺耳更利于行

大家都希望得到有建设性的意见，可如果这些妙计良策听着让人不舒服，那么很多人就会厌恶地移开视线，不去分别里面装的是忠言还是谗言。好好包装一下你的忠言，如同给苦口良药包上糖衣，才能先利于口，再利于病。

## 顺着别人的意思，渗透自己的意见

有人生性自负，刚愎自用，这种人最讨厌的不是糟糕的后果，而是自己不如人的尴尬。所以他们宁可做出错误的决定，也不要听人劝告，以免落下自己技不如人的尴尬。

小陶的老板就是这样的脾气。每次公司要做什么决策了，必定是把大家召集一堂，让大家各抒己见。但是大家的意见都是没用的，只是为了衬托他的英明决断。到最后老板说出自己的想法，实际上也就是最后的拍板。如果你认为有什么不好或者不完善的地方提出来，唯一的后果就是老板瞪你一眼："你是老板，还是我是老板？"最终让你下不来台。

小陶刚进公司的时候不知道老板的脾气，在老板做出决策之后，小陶从自己的专业角度提出了一个更好的方法，能节省至少 5% 的成本。他得意扬扬地说了一番之后，以为老板会以伯乐看见千里马的眼神看自己，结果却挨了老板一个白眼，

让小陶尴尬了好半天。

虽然老板能干，有着丰富的行业经验，但是毕竟不是全才，有时候做出的决定明显不是最好的方法。小陶每每忍不住想发言，可是想到当初那一个白眼就按捺住性子坐着不动。但看着老板带着公司走弯路，浪费资金，消耗成本，作为财务主管的小陶真是心痛不已。

一次同事聚餐，他忍不住把这郁闷事说了出来。做销售的老张就说："谁都知道老板有时候做错了，可是能看见错不是本事，能让老板改错才是本事。"然后他教了小陶一招锦囊妙计。

直接指出老板的错误，如果老板承认，那不是当面证明他还不如一个下属，岂不是有损他的权威？尤其是老板的性格，更是视之为耻辱。所以你这样提意见，老板不但不会采纳，还会给你白眼，以老板的权势给你难堪。

明智的做法，应该是顺着老板的意思，把英明决断的名声双手奉上，不要直接说出你的意见，只能暗示和诱导，把他的思路一点一点往正确的方向引导。或者干脆把你的意见附加在他的意见上，当作是他说的，你只是执行和理解。

"老板说得很对，我们就应该这么做。"这么做的内容不光是老板讲的，还有你自己的意见。老板也是聪明人，你提到了，他一想，也就默认这是个更好的方式。

"我觉得老板说得很不错，我来细化一下。"反正提议和做出决定的人都是老板，细化的时候你大可按照自己的想法来办，你做得多好都是老板的功劳，他就不会再阻止你。

"我觉得可以这么做，虽然有些困难，但总的来说，这是目前最好的做法。"到底是哪些困难？你只需要提一提，老板就会想到那边去,然后寻找解决方法。哪怕就是新的方案和之前的完全不一样,但是至少在大家面前都是老板自己推翻和更改的,无损其威严。

老张教育小陶说,也许你觉得老板的想法根本不对,可是你必须先肯定它,才能有下一步行动。如果你跳出来当众反驳,不给他面子,他肯定也不会给你面子。到时候他心中后悔,但又不肯承认,不去改正错误,那么一肚子火自然会向你发泄出来,那又何必呢?

## 先扬后抑和先抑后扬

没有人是真的闻过则喜,不管你是劈头盖脸一顿臭骂,还是语重心长谆谆教诲,如果你的长篇大论都是在数落对方的不是,那么效果肯定会大打折扣。宽容者一笑置之,但有的人难免会放在心上,甚至对你记恨在心,那你的口水都是白费了。

因此,你的批评中必须夹杂着赞美,哪怕这些赞美是你编造的,和眼前的人根本沾不上边。这一点你可以放心,因为人对批评是排斥的,哪怕自己真的有这些缺点;但是人们对赞美的态度却是多多益善无限欢迎的。

对于羞涩内向的人,你不妨采用先扬后抑,调动起对方的情绪,营造出他心中"再多说一点"的期盼。然后你再说出自己的真正意见,对方的情绪有个滑落的高度,也不至于落到谷底而感到不好受。而那种期盼的心理却会使他认真对待你所说的每一个字,让批评起到更好的功效。

对于外向积极的人,你不妨直接说出自己的意见。他也许会暴跳如雷,也许会表面上不屑一顾,内心却是反感的。这时

候你再用赞美抚平他的情绪，让他觉得你的意见的确有道理，那么在他重新回味你的话的时候，自然也就把之前的批评纳入到了思考的范围。

## 站在别人的立场，解决自己的问题

父母常常面对叛逆的孩子发出这样的叹息："我这明明都是为你好，可是你为什么不听呢？"这并不奇怪，因为两人的目的根本不同，一个是希望自己玩好，可以尽情享受生活；另一个是希望孩子好好学习，今后有一番作为。两个目的几乎没有共同之处，怎么能让对方心甘情愿地接受你的想法呢？因此，如果你希望对方听从你的劝告，就要掩藏起你的真实目的，把这个方法说成能够满足对方的愿望，那么效果就要好得多了。

杨经理负责公司的网络部，不久却发现部门现在已经是一盘散沙：老板想着的是宣传意义大于一切，挣多少钱不在乎，只要有一个好的宣传平台；技术主管一心想要开发高新技术，对网站的初级功能不屑一顾；内容总编则总想做好内容，服务用户；而市场主管要的是多搞活动，以便自己出去招商好提成。

每次开会大家必定吵个天翻地覆，不是内容总编说技术主管光开发些华而不实的功能，切切实实的基础功能没做好，就是市场主管抱怨老板光知道宣传，做了多少活动一点收入也没有，甚至还要倒贴钱。而杨经理自己要的却是实现一个互联网的创业梦想，做大网站，拉到风险投资，成为这一类网站的 No.1。

如何调控这些不同的意见，杨经理伤透了脑筋。对老板，他突出网站如果做好,影响必然更大,对公司其他产品的宣传效果肯定会上一个台阶;而对技术主管则商量尝试一些相对有趣的功能,能够吸引更多的流量,这些不走寻常路的功能让技术主管大感兴趣;对总编则是宣扬一番拿到投资后的好处——招更多的编辑和策划,让网站内容和服务上一个台阶;至于市场主管,谁不知道背靠大树好乘凉,想想网站知名度上去了,广告不是更好拉了?

**高手点拨**

## 没有两个人的想法是相同的

如果你希望对方接受你的意见,你就应该站在对方的立场,为对方找出这么做对他的好处。这并不是要你真正妥协,而是让你在语言中淡化自己的目的,为对方画一座具有吸引力的空中楼阁。只有让别人看到这么做和他的目的一致,他才有和你一起行事的可能。

就这样,杨经理说服了一个又一个人,把目的各异的上下级团结在自己周围,总算齐心合力按照杨经理的想法做好了网站,拉来了风险投资。

要是当初杨经理选择一个接一个地去辩论,希望用自己的目的代替别人的目的,哪里会有这样好的效果呢?

# 场景 16：祸从口出，医生把好嘴巴关

在大多数对医学一无所知的患者面前，受过专业训练、有着丰富经验的医生处于绝对权威的地位，一言一行都对患者有着深刻的影响。医生如果说话轻率，一不小心就会祸从口出，影响治疗效果；说得巧妙，语言就会起到调节病人心理的辅助效果，让治疗事半功倍。

不为良相，便为良医，医生是个受人尊敬的职业。为什么说一介布衣，行走寻常人家的医生有如此尊贵的地位，原因就在于他们行走于人们的生老病死之中，起沉疴，疗绝症，决定着病人的生死。

与权利相对应的就是责任。医生的职业道德比起绝大多数职业更严格，因为面对脆弱而敏感的病人，一点小小的举动都可能造成截然不同的后果。甚至无须亲自开刀配药，只要医生嘴唇动动，病人就可能经历生死两重天。因此，医生的言行必须谨慎，因为医生的话有时是治疗的辅助工具，甚至会决定医治的效果，左右着病人的生死。

---

老王去医院做例行的体检，到手的体检单和往年有些不一样，上面有个大大的 a 字母，鲜红鲜红的，看了让人闹心。

最近一直觉得身体不舒服的老王心下怀疑，又怕别人知道了笑话，只能拿回来悄悄琢磨。想了一晚上也没有结果，第二天跑到医院找医生。看着医生吞吞吐吐的样子，老王越发觉得严重了，可是又不敢直接问，怕自己接受不了这个结果。

来到咨询处，老王终于壮起胆子开口问值班的小护士："体检单上有个 a 是什么意思？"

小护士头也不抬："那就是癌症了，简写的。"

自己的猜疑终于被证实了，老王如同五雷轰顶，想不到自己真的得了癌症。他恍恍惚惚地回到家，看着老伴和儿子，心想自己这是绝症，又何苦拖累家里人，到时候花光了钱借一屁股债自己走了，要老婆、孩子怎么活。思前想后，老王给妻子留下一封信，第二天便跳楼自杀了。

妻子悲痛欲绝，说老王平时连感冒都没有得过，怎么突然就说自己得癌症了呢。想到前两天老王刚去做了体检，找出体检单来到医院一问，得到答复是身体没有任何问题。原来那个鲜红的 a 只是护士们在整理体检表时候分组的序号罢了，老王放在那一叠体检表的最上面，被标注了一下而已。

老王死得很冤枉，仅仅是医生看起来在瞒他的态度和护士无心的话就害得他精神崩溃自杀，可见医生那张嘴的确控制着病人的情绪乃至生死。"水可载舟，亦能覆舟。"医生的话既然能对病人的情绪有如此强烈的影响，那么是不是可以作为辅助治疗的方式呢？答案是肯定的。有时候只需要一些白色谎言，病人的情绪就会由沮丧变得充满希望，由消极变得积极，大幅度提升病情康复的速度。

## 辅助治疗方法一：有人的病比你更重

如果一个人觉得自己是世界上最倒霉的一个，那么很可

能由此自暴自弃,觉得自己已经根本没有希望了。只有当知道自己不是最糟糕的时候,处于人性的阴暗面,以别人的处境来衬托自己的优越,心情得到安慰,反而有助于情绪平静下来,积极配合治疗。

小岳觉得自己很倒霉,年纪轻轻就患了乳腺癌,必须割掉左边的乳房。对于一个年纪轻轻尚未结婚的 20 多岁的姑娘,这无疑是天大的打击。尤其是像小岳这样平时爱漂亮喜欢打扮的姑娘,这几乎是灭顶之灾。

她觉得人生的希望就这样破灭了,自己没有再得到幸福的可能,小岳自暴自弃,化疗有一天没一天地做着,药也不按时吃,连医生、护士看了都替她着急,更不要说小岳的家人。可是无论他们怎么劝慰,小岳都是一副油盐不进、要死不活的样子,多说几句就冷冷地走开,要不然就阴阳怪气地反驳。

这时候医生出面了,告诉小岳割掉一个没什么了不起,自己当医生这么多年,什么没见过。就在这一年内,20 多岁割掉乳房的手术自己就做了三个,有个还是两个乳房都割掉了,人家还没小岳这么大脾气呢。

发现自己并不是天下最悲惨的姑娘,小岳的心情似乎好了一些,也开始配合治疗了。手术很成功,癌细胞全部被切除。

这时候有护士恭喜医生说:"想不到您的第一个手术就这么成功。"

小岳错愕,却看见了医生望着自己,面露笑容。

## 辅助治疗方法二:我治好的人多了

"嘴上没毛,办事不牢。"这是人们对不谙世事者的看法。

如果一个人像人们常说的:"我走过的桥比你走过的路还多,我吃过的盐比你吃过的饭还多。"那么他就比较能得到人们的信任。

医生也是如此。如果一个医生自称医术高超,却只是一个初出茅庐的所谓"神医",有多少人敢把身家性命托付给他呢?哪怕就是一个多年经验的江湖郎中,恐怕都比他更值得信任。所以,有的骗子冒充神医时,会挂满整室的锦旗,假装自己治好过无数案例,骗得病人们深信不疑,甚至豆粉做的丸子竟然真的治好了对方的病。心理作用的影响,可见一斑。因此医生在治病的时候,不妨也利用一下心理作用这一招。

张先生得了怪病,膀胱老是胀痛甚至痉挛,弄得他痛苦不堪。可是去了几个医院,片子啊、透视啊照了无数,还是没有找出病根在哪儿,只能吃药缓解症状。

这天妻子催他去看一位中医,传说此人善用偏方,专治疑难杂症。张先生将信将疑,毕竟自己这病是好几个大医院都没治好的啊。

想不到医生真的很神,张先生只略略说了几句自己的病症,医生竟然就自顾自地描述起来,仿佛张先生的一切他是亲眼所见。看见张先生很惊奇,医生说自己遇到过好几个这样的病人,症状都差不多,只要按方子吃药,再做一些自编的健身操,很快就会好。

此后,张先生非常相信这位医生,按时煎药吃药,还遵医嘱做起动作奇怪的锻炼,不多久竟然真的好了。其实那位医生是和张太太串通好了而已,因为张先生的病是由于精神紧张引起的内分泌失调,拍 X 光透视自然找不出病因。而这位"医

生"却利用自己曾治好很多得了这种病的人取得了张先生的信任,张先生才接受了那些古怪的治疗方案,最终痊愈。

## 辅助治疗方法三:假装发怒,取得信任

医生也知道如果病情严重,那么有时候需要瞒着病人,以免情绪恶化影响治疗。可是有的病人偏偏聪明,发现一些蛛丝马迹,就会向医生追问真相。如果这时候得知真相,那就前功尽弃了。于是医生就会耐心地解释,温和地劝告,务必让对方相信自己只是多疑。可是越是这样,越容易让人怀疑——如果他真的没有什么事情瞒着我,又何必费心地解释和用心地让我相信呢?

"此地无银三百两",一直是被人嘲笑的对象。可是当事情落到自己头上的时候,再聪慧的医生也可能忙中出错。对付这样聪明多疑的病人,有个方法可以让他对你深信不疑:假装发怒。

张医生的病人手术不是很成功,癌细胞继续扩散,可是为了不打击病人的治疗信心,大家都瞒着病人。可是病人非常怀疑自己的情况是不是真的如像他们说的那么好,总是拉着张医生问长问短,并且使诈说:"我知道你们都瞒着我,是不是情况不好,直说吧,我经过的事情多了,什么都扛得住。"

多问了几次,张医生干脆一甩袖子,不耐烦地说:"一天到晚疑神疑鬼,我看你该去三楼的神经科,不要在我这儿占床位。不就是个胃溃疡吗,当成多大的事,一个大老爷们叽叽歪歪的,你不烦我还烦呢!"

温文尔雅的张医生突然发这么大火,大家都吓了一跳。不

过也怪,病人一点不生气,从那天后情绪一直很好。用他的理论说,要是张医生有事瞒着他,肯定没底气这么说话,一定会慢慢给自己解释让自己不用怀疑。这样一副"你爱信不信,关我屁事"的态度,反倒让病人相信了自己真的是胃溃疡而已。

《鹿鼎记》中韦小宝挑选人才挑了个不拍自己马屁的赵良栋,就是因为知道要靠拍马屁升官的人多半没什么真本事,而敢于不拍马屁的肯定是有点能力的人。这个理论,倒是和张医生的骗人思路很一致。

# 场景 17: 用善意的语言,消除父母的担心

常言道:"儿行千里母担忧。"一个人的成长,离不开父母含辛茹苦的呵护,离不开日思夜念的牵挂。"游子身上衣,慈母手中线。临行密密缝,意恐迟迟归。谁言寸草心,抱得三春晖。"这首脍炙人口的古诗,穿越了历史时空,却仍然让人泫然欲泣。纵观天下父母和儿女,父母对儿女恩重如山,而儿女为父母做的却是那样的微薄。

都说不为人父母,不知父母之苦,但是等到我们做了父母,父母却无法给我们这个机会了。"树欲静而风不止,子欲孝而亲不在。"等到那个时候,父母已经到了垂暮残年了。所以,尽孝不要等,随时随地表达你的孝心。而且父母也并不希望得到儿女多大的物质享受,他们的成就是建立你的成功之上的。你好,他们才觉得好。所以,别忘了随时告诉父母,"我很好!"哪怕你过得并不好。

## 做个"不诚实"的孩子

在我们还处于母亲的子宫时,一切是无所遁形的。每一次心跳,每一点营养的索取,每一个小小的动作,母亲都能够感受到。在那个时候,我们对母亲是没有秘密的。

出生之后,我们在第一时间受到父母的教育:"要做诚实

204

的孩子""不要说谎""不要对家长隐瞒真相"。成年累月地灌输，我们习惯在父母面前毫不遮掩地表达自己的喜怒哀乐，习惯在不自觉间将压力和问题抛给日渐老去的父母。

范亮最近很烦，眼看和女朋友在一起两年该谈婚论嫁了，房子却还没着落，只好对着女朋友的暗示装聋作哑。几次敷衍后，女朋友生气了，放出"不买房不结婚就分手"的狠话，急得范亮如同热锅上的蚂蚁，却又毫无办法。

心情低落的范亮上班还能强撑作精神百倍状，回到家就自然松懈下来，苦着一张脸唉声叹气。父母一问，他就如实回答，结果老两口一边着急孩子的婚事，一边悔恨自己没能力，拿不出钱买房。眼看女朋友给的期限快到了，两位老人拉下老脸求亲告友借钱。不料人情冷漠，赔了一圈笑脸后依然两手空空，情急之下双双病倒。

范亮才发现自己习惯性的坦诚将压力转嫁给了年迈的父母是多大的错误。父母年纪大了，承受能力弱，身体不好又容易着急，怎么能让他们为自己担心呢？如果当初自己选择说谎，又何至于让他们这一把年纪还要如此折腾呢！

高手点拨

## 给父母一个善意的谎言

人与人的关系需要经营，父母儿女之间的亲密关系也一样。别以为在彼此之间的关系上用上心机就是不孝，如果你坚持坦诚，让父母为你担惊受怕，或者屡屡发生冲突，那才是破坏亲情的罪魁祸首呢。

"报喜不报忧"，是对待父母的第一法则。赵觅就是这样对待自己父母的。

　　身在国外念书的她常常给国内的父母打电话，电话里永远都是好消息：自己拿奖学金了，打工很轻松薪水又不错，还能吃免费的点心，自己身体很好，所有人都感冒了，自己却连喷嚏都不打一个……

　　父母听了这样的消息自然欣慰，赵觅的目的也就达到了。尽管事实上，她的学业压力非常大，还要抽时间打工，整个人累得不行。而抠门的老板给她的薪水也远不如她所描述的那样，更别说什么免费点心了。可与其让父母在大洋彼岸担心，还不如用谎称自己过得很好，让他们安心。

　　有时候赵觅也会和父母发生一些观念上的冲突，毕竟是两代人，分歧在所难免。这时候赵觅就会运用对待父母的第一法则，报喜不报忧。

　　要么隐瞒自己的观念，顺着父母的意思说话，要么对父母的要求阳奉阴违，总之不让父母不开心。反正自己的事情自己有处理的原则和方法，又何必与父母争个口头上的输赢呢？老人和小孩一样，也是需要哄的。所谓哄，自然有不真实的成分在里面，也就是说谎。但哄得他们无忧无虑，又有什么坏处呢？

　　《射雕英雄传》中黄蓉对杨康弄伤小兔子，让其母注意照料小兔而无暇过问儿子的劣迹大摇其头，认为对母亲耍心眼的人品性低劣。殊不知比起她离家出走，让黄药师千里奔波屡中陷阱，杨康这样让母亲不要为自己担心的做法，才是真正的孝子行为呢！

## 有些话不能对父母说

作家刘墉说得好:"爱是向下的,孩子对父母的爱远不如父母对孩子的爱。"

世界上再没有一种爱像父母对孩子的爱一样,不是以相聚为目的,而是一开始就知道终点是分离。孩子长大了,独立了,也就离开了父母的羽翼。很多时候他们想到的名词是"自由",但是对于将他们当作生活重心几十年的父母来说,心里浮现的名词却是"失落""害怕""担忧"。

有的父母觉得自己已经不再是儿女心中无所不能的超级爸爸、聪明妈妈,而且随着儿女的成长,已经逐渐拉开了距离。那种逐渐与时代、与儿女之间的距离,让他们深深地失落。

有的老人则是担心孩子的离开。几十年来,所有的事情都围绕着为儿女这个主题进行,可能有的父母放弃了好的工作机会,有的放弃了舒适的生活享受。可是自己全心全意对待的孩子有一天却发出"我不需要你们"的信号,然后自顾自地在外面的世界里翱翔,这种情形让父母不得不害怕从此失去他们。

有些老人则如同孟郊《游子吟》中所说的那样,"儿行千里母担忧",为孩子在外面闯荡的生活担心着。衣食住行,样样都怕孩子不能打点好,不能照顾好自己。所以当你长大,感觉到头脑敏锐,四肢充满活力,心中跃跃欲试想要好好闯荡一番的时候,别忘了抹去身后父母那双眼睛中的焦虑。无论你是如何想的,有些话绝对不能说出口,不要在他们的心中,再加上一份沉甸甸的重压。

## 给父母成就感

父母解决不了的问题不要告诉他们,但是常年让父母"闲置",他们也会有失落感,产生自己是不是变得没用了的想法,害怕失去你的尊重。适当地拿出些小问题,甚至投其所好地编造一些问题请教父母,让他们享受到成就感,保证一个良好的心情安度晚年。

有人错误地认为,父母面前,说话是可以无所顾忌的。其实不然。恶语伤人,对于任何人都是一样的,只是因为他们是你的父母,他们可以包容你的伤害,纵容你的肆无忌惮。然而,作为儿女,父母为了你们操劳了一辈子,你有什么理由去纵情伤害他们呢?

何况中国最讲究的是一个"孝"字,孝顺体现在很多方面,比如良言上让父母愉悦、踏实,这就是孝顺的一种具体体现。以下一些伤人的话,千万不要对你父母说,尽管你说的都是事实。

□ 你们什么都不懂

是谁解开了你童年的所有疑惑,是谁带你了解这个世界?如果你自负于自己跟得上时代的节奏,经历过许多事情后有自己独立的思考,嫌弃父母观点的老化时,至少掩饰一下语调中的不屑和不耐烦。认真聆听一下父母的意见对你来说没有什么损失,甚至这些由生活磨炼出的淳朴智慧可能会对你大有裨益。

### □ 别管我行不行

如果没有父母管你,你根本活不到可以理直气壮地说出这句话的时候。也许你是真的这样想,觉得自己能独立处理好这些事情,嫌父母翻来覆去地啰唆,甚至只是不想让父母担心,可是当你这句话一说出口,伤害的是父母的心,而你自己则是忘恩负义的典型。

### □ 没事不要打我电话

父母给你打电话可能没有什么重要的事情,等到真发生什么事情的时候,他们反而会瞒着你想办法自己处理,免得你担心。他们打电话给你,只是想听听你的声音,看看你过得好不好。体谅一下父母对你的爱和老年生活的寂寞,就算真的有事也应当温和地解释一下,承诺有空了自己会打电话回家。

### □ 我说了多少次,你们怎么不听呢

也许你的说法是正确的,父母不该为了省钱一顿一顿地热剩菜,不该为了省钱买便宜货,不该花大价钱听人忽悠为你买保健品,不该买一堆你用不上的东西给你。可是你想想,他们这么做是为了谁?自己好心做的事情被别人否决,热脸贴在冷屁股上的滋味对谁来说都不好受,为什么要让年迈的父母看到你的失望呢?如果你真的介意,那么给父母买质优价高的好产品,然后对他们送给你的东西真诚地说声谢谢,不是为了物质,而是为你父母对你的爱。

### □ 别动我的东西

父母辛辛苦苦为你打扫房间,得到的却是你的抱怨,你觉

得这样做正确吗？就算你是怕父母为了你受累，为什么不可以用另一种方式说出来呢？如果你能够将自己的生活打理得井井有条，也就不用劳驾父母的打理。说声对不起，说声感谢，再慢慢去找自己需要的东西吧。

# 场景 18:用激励的语言,描绘孩子亮丽的未来

　　孩子没有成年人的心理素质,难以正确面对失败的打击,更别说生活中种种复杂的事实。过早对孩子说出真相,并不利于他们的心理健康成长。幼苗需要有温室给予足够的阳光雨露,抵抗外界的风霜雨雪,孩子成长的过程中同样需要我们用语言营造出合适的氛围,给予激励,抵御伤害,直到他足够成熟的那一天。

## 童言无忌,父母有忌

　　"好好刷牙,你嘴里的三条虫,才刷死半条!"

　　"一个人睡觉有什么可怕的呢,孙悟空在门外拿着金箍棒帮你打魔鬼呢。"

　　"要吃蔬菜呀,不然,你就只能长得和豌豆公主那么大,有可能嫁给小鼹鼠哦!"

　　"树为什么要开花呀?就是为了向你微笑呀!"

　　很多的时候,对孩子有益的事,孩子不愿做;对孩子有害的事,孩子却沉迷其中。要和一个几岁的孩子讲道理,那是不可能的。只能讲孩子能够明白的理由。再有,所有的孩子都有

问不完的问题,并非所有问题都有所谓"科学"的答案,这个时候,一个个美丽的对话和诗意的答案可能让孩子做更多的美梦。对于一个理性思维能力尚未发育的孩子来说,"美丽的谎言"可能比僵硬地说教或居高临下的训斥更有价值。

孩童时期天真烂漫,说话喜怒直抒胸臆,幼稚的话常常使得劳累一天的父母笑逐颜开,疲劳尽去。加上要培养孩子们诚实的品性,所以父母往往鼓励孩子们有话直说。有时,父母为了以身作则,对孩子的问题也采取实话实说,自以为言行谨慎,做了孩子们的榜样,殊不知却犯了教育的大忌。

涂明就犯了这样的错误。他的儿子刚上小学,聪明伶俐,常常得到老师的称赞。可是孩子回到家,想要把老师的表扬和自己的喜悦跟父亲分享,却不料得到的是一盆冷水。

"爸爸,今天我美术得了一百分,老师说我画的猫最像真的,你看像不像?"

"谁家的猫是蓝颜色,眼睛一个大一个小,爪子画得像猪蹄,一点都不像。"

类似上面的对话经常发生,渐渐地儿子也就沉默了。老师发现这个曾经活泼伶俐的孩子变得内向起来,成绩也不如当初。而原因就是儿子在涂明的对话中,自信心和自尊心不断受到打击,已经影响到了心理的健康发展。

童言无忌,是因为成年人有足够的承受能力和分辨能力,能够对孩子的话做出正确的判断和对待。而孩子尚在发育期,对世界认知不足,自然就把自己最亲的人——父母的话当作真理。如果父母不断对孩子做出负面的评价,那么孩子就会认为自己什么都不好,变得自卑、内向,甚至自暴自弃。所以,对待孩子,要注重鼓励。

孩子始终是希望得到父母肯定的,哪怕不是什么值得表扬的事情,为人父母者给孩子一个美丽的谎言,明明画得不太好,也要告诉孩子他真棒,明明成绩平平,也要夸奖他有进步。不断地正面肯定他,让他自信满满,才有信心去面对生活。

**高手点拨**

## 孩子成长的礼物

给孩子一个掩饰情绪的正面评价,让他们看到一个亲切、温和的父母,减轻他们的压力,更有助于教育。毕竟孩子不是成年人,没有那么强的承受力,有时候必须用语言去构造另一个标准、另一种生活、另一个世界,仿佛温室花房,让他们健康成长,直至能够抵抗外界的风风雨雨。

孩子也有是非观,知道自己不够好的时候,就会非常害怕惩罚。如果这时候你雪上加霜,如实说出自己的看法,那么对孩子将是不能承受之重。更有甚者,在自己情绪不能控制的时候说出如"真不希望自己生了你""没有你,日子好过得多"这样的话,虽然是当时情绪的真实表达,却是对孩子幼小敏感心灵的深深伤害,其伤痕可能一辈子都无法抹平。

## 输给孩子又何妨

"望子成龙,望女成凤",这是中国父母古往今来的一致夙愿。但每个人的能力是不一样的,为人父母者需要给孩子更多

的理解与宽容,更多的鼓励与掌声。在孩子为自己技不如人伤心难过时,在孩子为自己能力表示怀疑、自卑时,您可想过将自己与孩子紧紧地联系在一起,谎称"这是爸爸的不好,把这缺点遗传给你。""妈妈也有这样的不足,不照样生活得很好吗?"或者用具体的事实来证明孩子比自己强,故意输给孩子,为他树立信心。

**高手点拨**

## 对孩子少些贬损,多些赏识

有些父母为了在孩子面前建立起自己的权威形象,贬低孩子的成就,突出自己的能力,这样只会打击孩子的心灵,伤害父母与孩子间的感情。经常鼓励孩子,进行赏识教育,无损于你的权威,只会增加孩子对你的信赖和亲近。

小苏夫妻是单位上有名的才子才女,一个出口成章,号称"七步成诗",时不时在报纸上发表点"豆腐块";一个博闻强记,对各种知识如数家珍,外号"百科全书"。可是就这么两个人,却事事不如孩子,你信吗?

早上孩子赖在床上不肯起来,小苏就大叫一声:"小毛是懒虫,没有爸爸起床快!"然后开始慢吞吞地穿衣服。孩子一听来了劲儿,马上跳起来飞快地穿好衣服,然后指着小苏说:"爸爸才是懒虫,爸爸起床慢。"一天才开头,小苏夫妻就输了第一次。

中午孩子放学回家,对小苏太太起劲地说着今天学到的知识。

小苏太太不断表示惊奇："真的吗？真的有那么大吗？"

"小毛懂得好多哦，妈妈什么都不知道！"

"小毛真聪明，比妈妈聪明多了。"

小苏夫妻输了第二次。

晚上小毛做功课，做完之后交给父母检查，全对。小苏鼓掌说："小毛真棒，爸爸以前小时候一次一百分都没拿过，经常算错，小毛居然一道题都没算错。"这话把小毛美得不行。

小苏夫妻竟然输了第三次。

睡前故事是很多小孩期盼的节目。可是在小苏家里，这个睡前故事不是爸爸妈妈讲给孩子听，而是孩子讲给爸爸妈妈听。今天小毛讲了一段才从学校听来的《吹牛大王历险记》，把爸爸妈妈逗得笑个不停，然后听着"小毛讲的故事比爷爷奶奶讲给爸爸的故事好听多了"的赞扬声中心满意足地睡去了。这一次不但让小毛占了父母的上风，连爷爷奶奶都成了他这个七岁孩子的手下败将。

难道小苏夫妻真的不如一个孩子，起床没他快，懂得没他多，算得没他准，连讲个故事都没他好听？当然不是。可是这些白色谎言的效果却是惊人的：小毛很快地起床了，不需要像很多孩子那样赖床半天，爸爸生气，妈妈着急，大人孩子一起迟到；小毛复述知识，学习效果得到了巩固，还大大增加了学习的自信和乐趣；讲故事则是锻炼了孩子的记忆能力和口述能力，对他的成长大有裨益。

给孩子一个美好的明天是每个父母的心愿。既然如此，你又何必以自己多了几十年的知识和能力去打击孩子脆弱的心呢？输给孩子，是为了让他们赢得未来。

## 多给孩子正面的鼓励

有人说，孩子就是父母手中的橡皮泥，想捏成什么样子，就会变成什么样子。当你给予的是训斥、打击和否定的时候，孩子就会对自己产生怀疑，以为自己不能独立地做好什么事，以为自己什么都不行，觉得自己的人生已经没有了希望。得不到锻炼的能力和他自卑的心情使他不敢大声说话，不敢大胆做事，然后真的就慢慢地一说就错，一做就错，仅过来又打击了他的自尊心和自信心，形成恶性循环。而一声赞美，一次胜利的滋味，却能让孩子变得自信起来，觉得自己可以尝试去做更多的事情，希望自己能得到更多的表扬。

高手点拨

### 告诉孩子，你真棒

面对孩子的失败，不要简单地责备，要善于发现他某一个方面体现出来的"尊严的制高点"。通过一定的方式，展示并宣扬孩子的突出优势。为了鼓励，有时候适当的"谎言"也不妨说说。

说来也巧，有人和我那位当语文老师的朋友有着同样的经历。他曾经当过八年中学教师，有一个学生在初二时曾拿着一篇散文习作问他写得如何，他看了后说："有才气、有激情，是一篇不错的文章。"其实那篇所谓的散文里不过是堆砌了一些华丽辞藻，空洞无物。但在那位老师的鼓励下，他一直坚持课余时间写作，到上大学时，已能发表长篇小说了。

成功的孩子大多是夸出来的。为此我们不妨多说一些孩子的优点、长处，夸张一点又有何妨？在这种激励斗志式语言的推动下，孩子会更加努力。在夸奖中，使孩子忽略自己的缺点，自信地展现自我，精彩地演绎生活。特别是天生有缺陷、自卑的孩子，激励性的语言对于他们而言，则如久旱甘霖般珍贵。

曾经看到过一个故事。大意是这样的，一个男孩因为背上有两道疤痕而自卑，同学们也因此而瞧不起他。老师知道了后，却指着他的两道疤痕对所有同学说："这是天使的翅膀。"就因为这句激励性的语言，让他克服了自卑，敢于直面生活。他高中时还参加了全市的游泳比赛，得了冠军，他勇敢地选择了游泳。因为他相信，他背上那两道伤痕是"天使的翅膀"。

更有很多有缺陷的人，把人生的缺陷看成"被上帝咬过一口的苹果"，尽管这有点像自我安慰的阿 Q 精神。可人生不如意事十之八九，这个世界上谁不需要找点理由自我安慰呢？

当孩子茫然、困惑的时候，作为父母的我们要怎样消除孩子心理上的疑惑呢？常说一些激励性的语言，不失为一种良策。孩子的年龄较小，认识、理解问题的能力是有限的，特别是一些"相悖的不良现象"已经使孩子们对生活产生了许多的疑问，为了给孩子的幼小心灵留下一片净土，采用激励性的语言的形式，给孩子积极、健康的引导，或许可以使孩子欣然接受"事实"，并获得"合理"的认识。

## 尴尬问题巧妙答

从对世界一无所知到形成自己的世界观和价值观，孩子在成长过程中总会遇到这样那样的问题。可是有时候，你发现

无法对这么小的孩子去解释种种复杂的情况，当孩子用期盼的双眼问起你的时候，你感觉到一种难言的尴尬。

**"妈妈，你和爸爸为什么要分开，为什么你不要我了？"**

你要如何跟孩子解释什么是相爱不能相处，而自己忙于工作实在无法照顾他？一不小心，就会让孩子对婚姻和家庭失去信心，认为自己是个可有可无，不值得妈妈喜欢的人，在心里留下阴影。

你可以让他知道，他已经是一个大人了，男子汉要学会自己照顾自己，自己的离开是女神雅典娜（或者其他什么孩子喜欢的动漫人物）的命令。为了他成为一个英雄，自己不得不离开。这样神话色彩的解释会让孩子的情绪从悲痛转为兴奋，只想怎么通过这次考验，暂时忘却离别的悲伤。

**"爸爸，为什么你在家里大骂王叔叔，见了面又那么亲热，你是不是不诚实？"**

你要如何跟他解释成年人交往的复杂，不得不用语言来做滑润剂，如何让他明白"为五斗米折腰"的无奈和心酸。一个不小心就会让孩子走上口蜜腹剑、罔顾仁义道德的歧路。

你可以告诉他，你和那位王叔叔的确是朋友，所以不好意思当面说出这些缺点来，因为这样非常不礼貌。朋友和朋友有很多种，孩子之间的直言无忌和大人之间的背后说坏话都是友情的表现，而对于年纪还小的孩子，就像不能晚上太晚睡觉一样，不可以做背后说坏话的朋友。

**"妈妈，为什么你不喜欢奶奶，每次爸爸说回去看看，你都不高兴？"**

你要如何让他明白世界上很多人都是好人，但是好人之间未必能愉快相处？复杂的人际关系连许多成年人都说不清楚，何况对一个孩子解释？一个不小心就会让他对整个世界和家庭的温情失望，成为一个冷血动物。何况有时候你全盘告知自己的真实想法，孩子们并不能理解和接受。

你可以向孩子解释，自己是喜欢奶奶的，因为奶奶人很好。但是一个成年人不可以像孩子那样嘻嘻哈哈，那是对别人的不尊敬，你看那些寺庙念经的和尚不是一直都非常严肃吗？所以自己见奶奶其实也很高兴，但是为了表示尊敬，所以不能兴奋地大叫大跳。

换一种说法，对成年人来说是好笑和绝不可信的，但是孩子们却能理解接受。因为太早将残酷的现实展现在孩子面前，让他们觉得迷茫和害怕，不如用白色谎言掩饰真相，让他们等到足够理解这个世界的时候，再去寻找真正的答案。

# 场景19：巧用语言艺术，在流言中行走自如

　　流言，多半也是谎言，但不同的是，这些谎言绝非天使，往往是带着恶意的夸大与猜测。每经过一个人的嘴，事实的真相就会再次扭曲一点点，当流言已经变得路人皆知的时候，可能已经添油加醋到和真相没有任何关系了。尽管不是真实的事情，但是流言的主角往往会非常困扰，因为流言多半都是负面的，带有污蔑和攻击的性质。头痛的是你根本找不到流言的发源地，难以从根上消灭它，只能眼睁睁地看着它变大，龇牙咧嘴地向你扮着凶恶的鬼脸。流言的本质就是对事实的歪曲。

　　面对别人用谎言制造出来的利器，你想要不受伤害的方法就是"以彼之道还彼之身"，用语言艺术"以毒攻毒"。

## 用流言对付流言

　　有人说，摧毁流言的方式是以真实对抗虚假，那些假的东西来到真的面前自然就会消逝掉。但是你知道什么是真，什么是假，可是别人知道吗？跳出来澄清，只会让人觉得你是做贼心虚，努力地辩解，只会让人觉得你是"此地无银三百两"，到头来事情只会越描越黑。有位智者说，流言，只能用流言去对付。我们来看看现实生活中的例子。

柳小姐最近非常苦恼。她是个毕业不久的研究生，由于她天资聪颖和努力，很快成为行业内的新星。现在的公司发现了她，高薪聘请她这个毕业才两年的生手担任公司的行政总监，负责公司近年来的改革事宜。

本来少年得志就让人眼红，再加上公司制度改革触动了一些人的利益，讨厌柳小姐的人就多了，背后议论她的人也多了。不知道什么时候起，公司暗地里在传播柳小姐工作能力其实不过如此，能这么年轻就坐上了行政总监的高位是因为她和董事会的人有着特殊关系。

听见这些流言，柳小姐很伤心，一是自己工作能力打拼出的天下被人说成是出卖色相往上爬；二是现在人们都戴着有色眼镜看她，以为她是个人尽可夫的女人。不久前的一个业务应酬上，对方公司一位销售员居然拉住她的手要她用身体换订单。虽然她当时就给了那个无耻之徒一个耳光，但对她的伤害却很深。

流言越来越厉害了，一些人仗着舆论声势更不把柳小姐放在眼里，公然用这些毫无根据的东西诋毁她的人格，以进一步抵制公司改革。

好在总经理很支持柳小姐，这天长辈们在办公室里安慰她，柳小姐禁不住一下子哭了起来，和盘托出了自己的苦恼。柳小姐哭完感到很不好意思，对总经理说："要是别人看到我这个样子，估计又会说我在卖弄色相，以求支持了。"

总经理听了哈哈大笑，说："你还是怕流言啊。一条流言可能很可怕，但是流言多了，反而不可怕了。流言之所以传播如此迅速，就是因为它符合人们猎奇和偷窥的阴暗心理。如果只

有一条流言,人们的注意力都放在上面,自然越传越快。因为能和它对抗的只有真实,二者择其一,那么至少有一半人会相信流言所说的内容。可是流言多了,注意力就分散了,传播速度就得到了抑制。而流言与流言之间又可能存在相互矛盾,人们感到无所适从,反而会认真思考各个流言中的破绽,那些虚构的东西经不住如此推敲,真相自然容易出现。所以,你现在知道该怎么做了吧。"

　　不久,人们觉得现实生活变得比电视剧还有趣,关于柳小姐的流言越来越多,甚至到了匪夷所思的地步。

　　关于柳小姐出卖色相往上爬的,男主角版本就是十人之多,背景越来越高;就在大家感叹柳小姐真是个狐狸精的时候,又传来说柳小姐其实是董事会某某的私生女儿,这次是回来培养做接班人的;再后来,竟然又传来柳小姐其实有着黑道背景,因为黑道老大不希望自己的女儿过打打杀杀的生活,所以给她杜撰了清白家世的身份,让她上学上班过正常人的日子。

　　最后流言已经变得很离谱了,说什么柳小姐是两个男女高官的私生女儿,因为当初怕丑闻败露将她送人,不料送到国外富商家之后被黑道大哥绑票,但是因为从小的神奇吸引力使得黑道大哥不但不撕票,反而和富商精心养大她做了继承人。如今柳小姐是回来认祖归宗,还是报复当初被遗弃之恨,大家拭目以待吧。

　　故事编到这个份上,傻子也知道不是事实,流言也就渐渐没人相信,没人愿意议论了。不久,流言事件就像从未有过一样退出了柳小姐的生活。

高手点拨

## 关键时刻要下狠手

流言是讨厌的,在想要澄清的关头反而要制造更凶猛的流言,对大多数人来说不是一件简单的事情。有位伟人说过,从大乱达到大治。唯有你狠下心肠,把自己当作炸弹去搅乱局面,事情才会往好的方向发展,否则,关键时刻当断不断,最终只有反受其乱。

## 坚定、沉稳,让流言不攻自破

当流言脱离真相开始丑化你,伤害你的时候,你的第一反应是否认还是解释?你以为否认这件事情,大家就会相信你,流言就会消失吗?你凭什么觉得你的解释就能说服大家呢?

最可怕的是你忙中出错,或者因为急于澄清而否认流言所说的一切。可是流言之所以这么有生命力,原因就在于它多少和事实沾一点边儿,虽然牵强附会、恶意猜测,但并不是全无事实根据的。

当你否认一切的时候,等于也在说这些根据不是事实,而大众偏偏知道这都是事实,自然会认为你是狗急跳墙强词夺理,谁还会相信你呢?相反,你不妨大大方方地承认下来,只是事情没有大家想象的那样夸张。这样从容自如的态度会让人们觉得疑惑:为什么出了这样的事他还这样镇定,难道流言都是假的?

荣先生和谭小姐最近很头痛。两人是上下级关系,谭小姐是荣先生一手提拔的得意女将,两人关系好自然没话说,可是最近不知道怎么了,外面开始谣传他们有私情。流言说得仿佛确有其事,比如某年某月某日,谭小姐和荣先生半夜一起出现在酒店大堂;又比如某年某月某日,两人一起乘车,车子开向郊外。不少情节说得有鼻子有眼,由不得人不信。

　　荣太太是个全职家庭妇女,这时候只知道哭,打电话向谭小姐哀求放自己一马,不要拆散自己的家庭。荣太太一把鼻涕一把泪地刚说完,电话那边竟然传来谭小姐的哈哈大笑:"你也信?我和荣先生共事多年,要闹什么私情哪至于等到现在。关系好是真的,可是你放心,荣先生几乎是我的父辈,怎么可能和我有什么?"接着谭小姐又解释说,两人很晚从酒店出来是因为一起接新加坡一个大客户,因为是夜航,所以到酒店已经很晚了。而那次开车去郊外不过是去考察那边的一块土地,看看是不是值得买下来而已。

　　谭小姐的解释未必能打动荣太太的心,可是谭小姐的态度却让荣太太感到自己多虑了。如果谭小姐和荣先生真的有什么,"正宫娘娘"打电话来追问,哪能不害怕、慌乱,又或者理直气壮地大声辩解为自己壮胆?这么从容的态度,只会是因为的确没有这件事,谭小姐问心无愧。

　　一场可能导致一个家庭解体的风雨就这样过去了。

　　虽然谭小姐和荣先生并无私情,但是酒店和去郊外的事情也并不是她所讲的那样,可能只是别人看错了人或者编造的。可是这样说,对平息荣太太的情绪一点帮助没有,甚至会怀疑谭小姐是在狡辩。那还不如大大方方地承认下来,反而会为自己赢得信任的转机。

应对流言时，最重要的要做到坚定。如果你的态度不坚定，说话闪烁其词，流言在别人眼中就是不容置疑的事实了。澄清流言时，不要情感式的请求，比如又哭又闹地叫对方相信你，而是要理性地向对方分析流言的破绽。不要试图反驳对方不正确的说法，因为在他的心里那可能是确信无疑的，你的反驳只会让对方觉得你在狡辩；凝视对方的眼睛而不要让眼光四处游移，这可以表达出你诚恳的信息；别慌乱，语无伦次只会加深对方的怀疑。

## 场景 20：尴尬的话，可以大胆地说

　　某处世高手说："私底下要批评你的朋友，公共场合要表扬你的朋友，你们的友情才会长久。"因为在公共场合的众目睽睽之下，你的否定会让朋友感到脸面无光，这种尴尬的事情还是少做为妙。可是有时候，你不得不面对一个问题，那就是虽然身处公共场合，你也不得不责备或者阻拦你的朋友。这时候，你该如何是好呢？

　　可能是他喝多了酒，还一边挥舞双手一边大叫："我没醉，我还要喝，拿酒来。"如果你上去批评他喝醉了，他根本不会理你，甚至因为有人关注他的"表演"而更兴奋、更加卖力地表演。

　　可能是因为他一时冲动和别人发生争执，你害怕他受伤，也害怕他一时失手闯下大祸，只能一边劝架一边拉住他。可是你这么做只会让他觉得你不够朋友，甚至粗鲁地对你嚷嚷，或者一把把你推开。

　　有可能因为他做了一件错事，比如当众让别人下不了台。你想打个圆场，却不知道你对他的责备会让他觉得下不来台，认为你不是和他一条心，从此疏远你。

　　有可能是一件事情你必须表态，但是你的态度和朋友截然相反。直接说出来，甚至指出对方的错误想让他承认，只会让他觉得你是在故意损他的面子。

　　可是总不能眼看着事态朝不好的方向发展吧？尴尬

的话不是不可以说,关键在于怎么说。用语言艺术包装一下,再尴尬的话也会收到意想不到的效果。

## 醉酒时候的应酬话

既然他说没有醉,那你就大声附和他吧。你的附和会让他的表演欲锐减,没人配合的独角戏很快就会让人感到无聊而放弃。其实他可能只是想引起大家的关注而已,你们的不当回事会让他感到意兴阑珊而不再表演下去。

如果他坚持要继续喝下去,那么不妨欺骗他一下,用饮料代替酒水递给他。如果他真醉了,他会分辨不出来;如果他只是迷迷糊糊地感到不对,那么就看你能不能靠一张嘴说服他相信这是最新口味的烈酒。

他说想喝酒,那么你就要说你更想喝酒,然后抢过他的酒瓶,拿过他的酒杯。他也许会和阻止他喝酒的人对抗,但是说不定会对于一个和他一样想喝酒的人感到志趣相投,情愿把手里的酒给你这位更需要酒的人。

## 劝架时候的语言

发生争执的时候,人往往是冲动而非理性的,大脑只会剩下一种简单的思考:"这是自己人,还是敌人?"所以你必须首先表现出你坚定的立场,他才会认可你的存在,接受你的言行。否则,无论你再怎么说怎么做,他也不会领情,反而会把你当作敌人对待。

做出非常愤怒的神情,和他一起骂对方几句,甚至故意冲上前去,都是你表明立场的好方式。你还可以故意愤怒地冲在最前方,比他骂得还要大声,打得还要激烈。这时候他不在第一线,头脑就会慢慢冷静下来,开始为你担心你刚才对他担心的事情,角色从此转换,他成了劝架的一方。

## 批评时候的语言

在公众面前,丢脸是双倍的,争光也是双倍的。你想要批评他,那么最好和赞扬放在一起,并且赞扬要大大地多过批评。

你可以选择就事论事,说出他做法的不足,然后再找出他做法的种种优点。考虑不足是很正常的事情,只要没有全盘否定,他还是会愿意接受这个毁誉参半、甚至赞扬远远多于批评的说法。

你可以选择正、反相对的办法,说出他做错了是因为什么,然后又说这个原因又导致了他做对了什么,甚至大力夸奖这个原因。比如说错话了,可是这是因为他直率纯真,不是本质问题,而是应用问题,对方是可以接受这样的评价的。

你也可以选择迅速转移话题,批评之后马上把话题转移到对他有利的事情上。比如,刚说了自己孩子不该在墙上乱涂乱画,然后再说他好像还有点绘画的天赋,最后把话题转移到他在学校的美术作品得奖了,美术老师很喜欢他上,这样绝对可以弥补孩子受到批评时的心情。

## 表态时候的语言

表态,实际上应该是就事论事,可是人们往往把它和对人的态度联系起来。你所要做的就是将这个联系切开，让否定朋友的尴尬变成否定一个错误的平常事。

你可以先表示同意朋友的意见，让他感觉你和他的立场是一样的，然后自顾自地说自己的意见，玩一招主题和内容不符的游戏，然后边说边表示一下自己对朋友意见的赞同。虽然和自己所说的东西有很多不一样，可是你站在他这一边的姿态会让朋友觉得安慰，而不出言反对你，甚至认真思考你所说的一切。

你也可以夸张地表示赞同朋友的意见。比如："你把我要说的都说了。"然后再说，"当然你也不是我肚子里面的蛔虫，有些地方你就是不如我想得周全。"最后噼里啪啦把自己的想法说出来，亲昵地表示"是不是比你的还高明"。在友情牌的遮盖下，你的表态也就变得不具有打击性了。

# 场景 21:错误命令,学会用语言艺术应对

　　"将在外,君命有所不受",说的就是不了解情况的人别胡乱插手。这句话你清楚,可是你的上司却不会顾忌这么多。身为下属的你和上司正面冲突自然不是好办法,但是错误的命令却可以被语言艺术化解,避免导致错误的后果。

---

## "阳奉阴违",让上司无话可说

　　封建王朝,中央集权,全国权力最大的一个人就是皇帝,随便一句话就是"金科玉律",随便一点不恭就要"抄家灭族"。皇家尊严,是冒犯不得的,哪怕皇帝的命令不是那么有道理,作为臣子,也只能不打折扣地服从。

　　可是还是有那么一些人,可以对皇帝的命令置若罔闻。而平时谁不遵旨就要将其视为欺君犯上而抄家灭族的皇帝,对某些人的做法却是睁一只眼闭一只眼,因为"将在外,君有所不受"。战场是一个瞬息万变的地方,运筹帷幄容易,决胜千里之外就没有那么容易了。因为当你想好妙计要出奇制胜,可是偏偏就在开战的那一刻形势有了变化,继续执行之前的计划必是死路一条,你要怎么办?答案就是,我的地盘我做主。

　　可现实生活中偏偏就有这么一些上司,喜欢自以为是,牢牢地把握权力,喜欢看下属请示的姿态,让下属烦恼不已。让上司改变命令是不可能的, 可如果听从只会造成损失, 怎么办? 语言艺术帮你忙。

小艾是个营销公司的文案撰稿人, 负责整个营销项目中的文字工作。因为公司很大,所以分成很多项目小组,每个小组都独立行事,一切由项目组长负责,只需对老板汇报结果而不必事事征求意见,以便提高工作效率。可是新上任的CEO 也是文案出身,不知道是为了怀念当初的日子,还是想展示一下自己的文字功底,自从他上任之后,就要求每个小组的文案必须交由他过目修改之后才能提交给客户。

这下麻烦来了, 本来小组人员内部讨论一下就可以进行提案,现在不得不交给 CEO 看一次,收到意见后改正一次,如此反复数次,时间就过去了半个月,客户等得不耐烦了,成天像催命鬼一样地催促着。

要说 CEO 真能写出些"滴滴香浓,意犹未尽""我的地盘我做主""相信我,没错的"之类风行一时、世人传诵的广告词也就罢了, 可是偏偏他水平有限, 提出的意见是 "鸡蛋里挑骨头",甚至他自己都不知道该怎么改,好几次改来改去最后改回原来的样子,白白耽误了时间。对此各个项目小组人员不胜其烦, 小艾这样的文案撰稿人更是在无休无止的改稿中叫苦连天。

后来大家一商议,想了个好计策。从那天起,文案还是改,但是只对 CEO 改。也就是说内部组员讨论好之后,文案就把大家都满意的广告策划直接发给客户,免得让客户久等。而 CEO 那里,他说改就改,不过改出来的东西和客户不会发生任何关

系而已。

如此，小组的工作效率又重新高了起来。而 CEO 呢，也成天自我感觉良好地写着修改意见，丝毫不觉得什么不妥。

当你决定使出阳奉阴违这一招的时候，最好注意下面三点注意事项：

第一，表面上你必须毕恭毕敬地遵守上司的指示，免得他察觉你的"不轨之心"；

第二，做好保密工作，别让对方发现你根本没有照着他的话去做；

第三，保证效果，否则你的阳奉阴违只是个偷懒的借口而已。

## 扼杀错误命令的幼苗

如果对于上司的命令你根本没有阳奉阴违的余地，甚至这件事从此轮不到你插手，对方想要亲力亲为，那么能够阻止他的就只有先斩后奏。

小章是金华贸易公司的业务员，常年出差谈生意，足迹遍布五湖四海。对很多人来说，小章在他们心中就代表着金华贸易公司，说话算数，签字盖章，一笔生意就谈成了。可是小章知道自己的权力远没有他们想象的那样大，每次生意谈判过程中自己都需要汇报请示。但是商场如战场，轮不到自己去请示，有时候一分钟时间就决定着生意的成败。就像上次和一个工厂谈判，因为货物抢手，厂长有恃无恐，看着老关系才先和小章谈判。

因为"奇货可居"，厂长开出的条件自然和以前不一样。可是这个新价格不在小章掌控的范围内,他虽然知道这个价格对于眼下这种情况已经够优惠了,办公室外就有好几个公司的业务员等着替代自己。可是他做不了主,只能电话请示。上司不在,或者是因为什么原因没接电话,如此浪费了一个多小时,厂长不耐烦了,小章又做不了主。这样,一笔大生意就黄了。

这样的事情又发生了好几回,忍无可忍的小章决定以后要"自作主张,先斩后奏"。只要他觉得可行但又略略超出上司预计的生意,他都先签字画押后再汇报给上司。虽然开始的时候,上司有些不满,但是看着业绩渐长,也就相信了小章的能力,不再追究他的做法。

"先斩后奏"固然好,但要注意其使用方法:

确定你"斩"得正确,否则,你只是在鲁莽行事,有可能会因为你的行动造成不妙的后果。

确定你的上司不会鼠肚鸡肠计较你挑战他权威的行为,如果他是个把事情过程看得比结果更重要的人,你这种行为必将遭到报复。

先斩后奏毕竟对上司来说是个不讨好的事情,如果还有回旋的余地,那么还是别为了方便,先奏后斩吧。

## 劝导上司发对命令

如果你没有阳奉阴违的机会,也没有先斩后奏的魄力,可是你还是想要一点自主的权力,免得延误时机,或者不得不去执行上级错误的命令。那么还有最后一个方法,就是虚构事实。因为不在第一线,所以上级了解到的资料都是由你提供的。如果你摸熟了上司的脾气,知道什么样的资料提供上去上

司会怎么做,换一种说法上司又会怎么做,那么不妨在你对上司即将要做出的决定不满之前,虚构一点事实,让他落入圈套,乖乖地按照你的思路下达命令。

小冯是家信贷拍卖公司的职员,负责信用审核。所谓的信贷拍卖公司,其实和旧社会的当铺差不多,查看一下抵押证明,然后评估该不该借钱给人家,如果要借,借他多少。因为门槛比银行低,行事又灵活,所以生意很不错。

这次前来的是几个大学生。他们一起创业,折腾了几次,终于看见了曙光。可是因为都还是学生,没什么钱,当初倾其所有凑起来的资金已经在几次失败中消耗光了,所以希望以公司的全部资产和部分股权作为抵押品进行借贷。

谈了几句话,小冯对几个人印象很好,都是聪明能干的年轻人,加上失败过几次,也就改掉了不少好高骛远、年轻气盛的毛病。加上他们的公司的确很有前途,所以小冯很愿意帮帮他们。可是要是老板知道了真实情况,肯定会否决这一提议。毕竟是学生开的公司,相对于抵押品来说,他们要求融资的金额又有些偏高。如果如实上报,几个年轻人肯定拿不到想要的钱。

说出这个情况后,几个学生都露出非常失望的样子,但是还是礼貌地和小冯握手表示感谢。就在他们要走的时候,小冯叫他们重新坐下,拿出一份新的融资表格要他们填写。

在小冯的指导下,几位大学生在事实的基础上稍微夸大了一些,又掩盖了一些老板不喜欢的(如大学生创业、失败经历之类)事情。这样一份申请表果然得到了老板的批准,几个年轻人拿到了想要的资金,继续他们的事业。

虚构事实这种做法是需要冒风险的,因此,操作的时候一定要注意：

需要巧妙的手段来进行虚构，至少不能让上级发现你是在撒谎，没有一个上级会喜欢有你这位幕后操纵者，一旦暴露之后你就欲哭无泪了。

不要试图长久地用这个方法实现你的"幕后黑手"，一旦上瘾之后你会对此习以为常，但是"久走夜路必逢鬼"，你做得越多越熟练的时候，也就是你很快就要被发现的时候。

确定你这么做是正确的，而不是仅仅在满足你的私利和权力欲。

## 拒绝命令时，委婉表达最有效

有些命令可以委婉地拒绝，但是有的错误命令，却必须面对，不得不说"不"。在老板面前，想说"爱你"不容易，想说"No"更难。一个"No"字得罪了上司，就好比摸了老虎屁股，一不小心便被咬得遍体鳞伤，甚至永无翻身的余地。

当然不能以一个简单的"No"字应付上司，必须做一做这个"No"字的文章。

有一位广东的官员去见慈禧太后，慈禧问他："你是广西人吗？"这个简单的问题差点儿把这位官员的命都问没了。因为他既不能回答"是"，也不能回答"不是"，回答"是"是欺君之罪，回答"不是"是犯上。还好，这位官员毕竟是久经官场，他的官场机智总算救了他一命。

他回答说："是的，我是广东人。"

以肯定的方式去否定上司，这种职场的谋略和艰辛，只有经历了才会懂得。

"不"是一个简单的字眼,但并不容易脱口而出。要婉转地拒绝而不要严词拒绝,温和的回应总能避免直面的尴尬。合情合理而又彬彬有礼地婉拒,不至于伤害彼此的和气或断送未来合作的良机。所以,要掌握婉拒的分寸和艺术,尤其当老板或主管对一项措施征求你的意见时,出于责任的缘故,必须表明你是反对还是赞成时,一定要注意技巧。

　　要向一位有权威的人表示反对意见或拒绝,你必须要有充分的理由,更要说得使他完全信服。因此,技巧的运用不能不讲究。"不"字不要轻易说出口,即使要说,也要讲究方式方法,特别是遇上一个性格比较直接、做事比较独断的老板,当众反对他是下下策,好的方法是先用语言圆融一下,接下来在个别交谈以表达自己的意见。简单直接地说不是最不明智的,一定需要在圆融的基础上提供自己专业的、独到的建议才是最有效的。

# 场景 22:讨厌的话题,用语言艺术终止

　　对于一个很有教养的人来说，绝对不会用自己喜欢而别人毫无兴趣的话题去打搅别人。那种滔滔不绝占用对方时间，折磨别人耳朵的事情，他是绝不会做的。同样，我们必须明白"话题"这个东西有着场合和时间的限制，违反这一约定俗成的习惯会非常不得体。可是我们不能要求每个人都和自己一样有教养，有时候我们会发现自己深陷在讨厌的话题当中。如何顺利脱身，而又不得罪人呢？最佳方法就是语言。

## 表示同意,终止话题

　　我们都知道当众批评别人是很尴尬的一件事，别人尴尬，自己也尴尬。如果你还身处于你所批评人的好处下，这种行为就是广东人俗称的"食碗面，翻碗底"，是非常不得体的行为。可是高小姐就有这样的嫌疑，因为她旁边的一位太太就在大声地说用餐环境不好，菜肴档次太差。

　　这是高小姐朋友的婚礼，因为堵车她迟到了，所以没有和熟识的人坐在一起，而是悄悄溜进靠门边的桌子，免得打搅婚礼仪式的进行。可是现在坐在她旁边的这位太太从一开始就在抱怨，把高小姐朋友的婚礼说得一钱不值。这里的喧哗显得

很引人注目，不少宾客都纷纷望向这边，连高小姐也接到不少鄙视的眼光。

不得不终止这样的局面了，高小姐假装很赞同的样子对那位太太说："我也觉得这婚礼办得真差劲儿，以后绝不在这儿办我自己的婚礼，你有没有好的推荐？"

看看有人赞同自己，又请教自己，那位太太高兴极了，兴致勃勃地说起自己参加过的豪华婚礼来。虽然大声交谈依旧不算礼貌，但是至少话题的内容变得不那么讨厌了。

## 以点带面，虚晃一枪

隐私是每个人都需要保护的东西，婚恋情况、家庭背景、私人生活都逐渐成为话题的禁区。非当事人自愿说起，其他人主动询问就是不妥。比如说，收入就是一个敏感的话题。

小陈的公司虽然没有明文规定，但是彼此之间对薪水都是保密的。老板的意思是干好自己的那份活，觉得收入值得就成。免得大家知道别人的薪水情况，比较起来反而心理不平衡，影响工作情绪。

可是这天在电梯里，新来的同事就好奇地询问着小陈和公司其他人的收入。要是单独谈谈这个话题，小陈兴许也无所谓。可是在电梯内众目睽睽之下，有好几个人都是公司的同事，自己这么一说不是犯了忌讳？要是有人嘴快告诉了老板，哪还有自己的好果子吃？何况小陈也不愿意让同事知道自己的收入，因为老板告诉过他，他的收入在公司里算是比较高的，一定要保密，免得大家攀比。

小陈只好随机应变，回答道："还好了，公司福利不错，大点的节日都发了不少礼物。上次发的那个香肠可好吃了,是不是?"他回头问其他同事。就这样,大家就开始讨论起上次的香肠来,没人再说工资的事情了。

## 千万别争辩

小裴的同事看上了一处房子,日日夜夜地念叨房子的好处。小裴不小心随口说了房子的几处缺陷,可就招惹上了麻烦——同事拉着他一遍一遍地说那房子有多好,便宜,房子大,交通方便,附近农贸市场、邮局、银行、医院一应俱全,还非要小裴做出回应,不断地问:"你说是不是?"

如果要辩论下去,时间可就浪费了。所以小裴不再说出自己关于房子的真正看法,只是点头说:"不错不错,真是划算,买吧买吧。"取得了胜利,同事也就高高兴兴地自己去做房子的美梦,不再理会小裴了。

你意志坚决,绝对不会被别人说服,可是这个讨厌的家伙因为你意见不同,非要缠着你,劝说你,像苍蝇一样讨厌。所以,与其保持自己的观点与之争辩,还不如"昧着良心"附和他,这样就避免了这种无聊的争辩永无止境地持续下去了。

## 迅速逃离现场

杜斯妥耶夫斯基说:"除非是卑鄙得太过偏爱自己的人,才能无耻地写自己的事情。"的确,如果你所说所写的东西总是以自己为中心,别人一点兴趣都没有,那就是在浪费别人的时间。可是生活中这样的人却不少,总是习惯拉着别人念叨自己的事情,尤其是把什么悲惨情史啊、社会不公啊之类的事情

像祥林嫂那样翻来覆去地说个不停。可是打断她，你又于心不忍，不打断她就是对自己残忍，怎么办？最后的办法是巧妙地逃离现场。

小包的同事最近就扮演着这样尴尬的角色。

厂里改制，有一批年纪大但是知识结构不高的人要提前下岗，或者分流到其他非要害部门，其中就有小包这位同事。因为小包一向好人缘，那天安慰了阴着脸的同事，从此就被缠上了。因为非要害部门清闲，于是同事每天没事就跑到小包办公室坐着，唉声叹气地向小包抱怨什么厂里对不起老员工啊、太腐败了，某某没她能干也没被分流啊之类的，起先小包还能安慰几句，可是毕竟自己事情多，哪有多少工夫听这些事不关己的抱怨？

于是只要同事一登门，小包就开始出门送文件、接电话、上厕所。打断了同事的话题，把他一个人晾在办公室，几次之后，同事也就不再来打搅小包办公了。

## 取得话题的控制权

小程和老同学一起租房子住，两人相处和睦，但是性格却南辕北辙。小程喜欢待在家里看书、上网，对于人际交往、逛街购物之类的事情一向没什么兴趣。而老同学却是个社交达人，每天研究的就是谁和谁的八卦，哪里可以打折，自己又买了什么衣服之类的事情。

这天，"达人"又买了一堆东西回来，闯进小程的房间就开始得意地讲述自己买东西的经过。可惜小程对这些一点兴趣没有，只想安安静静地看书而已。

　　于是小程拿起一顶帽子说:"这个样式是《简·爱》里边的简戴的那种。"然后话题一转,大讲特讲《简·爱》的书和电影如何如何。对于这种话题小程的同学可没什么兴趣,听了一会儿就哈欠连天地回自己屋子去了。

　　有人说,把时间花在自己不感兴趣的事情上就是挥霍,如果强迫别人和你谈论别人不感兴趣的事情,那简直就是谋杀。可是生活中,这样的杀手太多了。在这种情况下,最佳的做法就是以对方的话作为切入点,夺取话题的控制权。

# 场景 23:化解危机,语言艺术先行

说到危机的化解,不由得想起电视剧《康熙王朝》。

施琅率领两万军队,攻占了金厦,传递消息的军官一边马不停蹄前往京城报信,一边不停地呼叫:"海警,海警,台湾施琅攻占了金厦,快快备战。"

魏东亭接到消息后,急忙命令几个嗓门大的人,一边往京城送信,一边放开嗓子大喊:"东南沿海大捷,歼敌无数!"

魏东亭之所以说谎,用康熙的话来说就是:"将败报改为捷报,将祸事化做喜讯,以免引起百姓的动乱。"无论是一个国家、一个公司,还是家庭、个人,都可能会遭遇危机。然而,出现危机并不是最可怕的,最可怕的是因危机引起的慌乱,以及造成的不知所措的局面。面对危机,稳定局面,冷静寻求解决的办法才是最重要的。

可见,每当危机降临,首先要做的就是稳定人心,防止谣言肆虐。也只有这样,才能积极地解决问题,从而将损失降到最低。哪怕这种稳定人心的话是谎言, 那又何妨,目的是好的。

## 用语言让大家保持冷静

一位印度贵族在家请客,大家谈笑风生,气氛十分热烈。

突然女主人叫来仆人,吩咐把一碟牛奶放到阳台上去。这个细节被一位客人留意到了,感到事情非同寻常——在印度这样的天气里,在室外放一碟牛奶就意味着吸引毒蛇。女主人有这种表现难道是因为这间客厅里有一条蛇?想到这里,客人吓了一跳,现在客厅里很喧闹,要是惊吓了蛇,使它主动攻击伤人,那可就麻烦了。于是他站起来大声提议说要变个魔术给大家看。

大家兴奋地等待他变魔术,可是这位客人坚持说太闹了,要大家安静一点,因为这个魔术要求室内的人谁也不许动,而且不许说话才行。于是大家按他说的做,一时间客厅里鸦雀无声。

突然,一条蛇从桌下蹿出,直奔阳台上的牛奶而去。仆人马上关紧门,大家先是一惊,接着松了口气,开始夸奖客人的机智。要不是他冷静机智的处理方法,说不定蛇就咬人了呢。这时候客人问女主人怎么会知道有蛇在屋里,女主人淡淡一笑说:"刚才它从我脚上爬过去了。"

女主人和客人都是遇事冷静的典型,这种性格能够在危机来临的时候做出更好的判断,保护自己。但是并不是人人都有这样的性格,都能在遇到危险的时候保持冷静。要是刚才女主人或者客人直接告诉大家说屋子里有条蛇,叫大家保持冷静免得蛇起意伤人,会有多少人能真的做到呢?说不定话音未落就是惊叫声此起彼伏,大家争先恐后地夺门而逃,这样的喧闹场面反而会刺激毒蛇,后果就不堪设想了。

所以两人都选择了不动声色地瞒下事实,用自己的方法来解决问题。语言艺术,在这个时候有着奇妙的作用,能够让

大家都保持冷静,直到问题得到解决。

# 减轻危机的冲击

有时候事物会处在非常微妙的状态,结果可能这样,也可能那样,全部取决于人们怎么看待这件事情。这时候,白色谎言就成了调控结果的关键。

徐老板的贸易公司最近出了大问题,其严重程度足以动摇根基。他的一艘货船在海上出了事,全部货物失落在汪洋大海中,血本无归。

这件事传出去后,和徐老板生意上有关的人纷纷前来打探消息:如果事情属实,银行怕徐老板还不出钱,想要重新评估徐老板的信贷能力,并且暂时停止贷款;供货商怕徐老板破产之后自己得不到货款,要求徐老板先行支付货款,否则后面的合作免谈;员工也对此议论纷纷,生怕徐老板公司倒闭独自逃跑,自己的工资找谁去讨呢?

这时候要是徐老板承认货船失事,那么可能就会出现债主登门、银行挤兑、生意伙伴停止合作、员工纷纷要求辞职的事情。虽然电视上也有过面临危机靠着老板的一席动情演讲打动所有人,引来八方支援、员工齐心协力的事情,但是现实未必如此美好,徐老板可不敢拿自己的演讲水平去赌整个公司的前途。所以只要有人问起,他就若无其事地否认,甚至还开玩笑地说:"你是第一百个问我这个问题的人了,难道我真的像那么倒霉的家伙吗?"

看看徐老板的态度,真不像有一艘货船失事、倒了半壁江山、资金周转不灵等情况应该表现出来的样子。于是大家纷纷改变之前不合作的打算,而是继续和徐老板合作下去。

过了大半年,资金危机总算过去了,徐老板这才松了一口气。这时候货船失事的事情已经得到了证实,可是看看大半年来徐老板经营良好,也就不在意这次事故的影响了。

"覆巢之下,安有完卵?"危机来临,人人自危,难免为自己打算。群体的力量是巨大的,尤其在这种处于"推一把"还是"拉一把"的微妙关头,人们自保的举动往往会推动事情向坏的方向发展。

语言艺术最大的好处就是掩盖了真相,让人们不至于因一时遭到冲击而乱了理智去落井下石。只要减轻危机的冲击,为事情争取到时间甚至支持,那么危机就可以轻松度过,不称其为危机了。

## 语言艺术阻止群体混乱

在许多电视节目中,我们都可以看见旧社会哄抢粮食的情节。抢劫,在哪个朝代都是犯法的。可是当人们吃不饱,而且知道问题无法解决的时候,事态就不会由理智来控制了。

著名的傀儡皇帝司马衷有次出巡遇上了饥民,被质问有没有带赈灾的粮食。当时对峙的一方是养尊处优吃得白白胖胖的皇帝,另一方是面黄肌瘦的灾民,光是这样的对比就能让人失去理智。何况皇帝出游哪里会带着什么赈灾粮食,如果如实回答饥民的问题,可能只需要有人振臂一呼,那么灾民们一拥而上就可能出现无法控制的暴乱,杀人越货都有可能。

于是司马衷称自己就是专程救灾而来,大批粮食就在后面,并且展示了一下自己的干粮:并不是所谓的锦衣玉食,也

是很普通的糕饼。就这样平息了灾民们的怒气，总算安全离开了。

## 时逢危机要冷静

当人们无从判断事情真伪的时候，唯一的信息来源就是这件事的决策者。决策者慌乱，坏消息就会落实，大家就会一哄而乱，让局面不可收拾。时逢危机要保持清醒的头脑，你是越冷静，越是表现得满不在乎，别人越觉得你没有问题，你的可信度也就越高。

群体的力量是可怕的，更为可怕的是一旦群体意识失去了控制，人人都冲动行事，整个情况就会严重失控，任何人都难以控制。所以在电视剧里面遇上天灾人祸的时候，只要有人带头抢劫，那么所有的人都会一起哄抢。

天衣纺织厂已经几个月没有发工资了，员工们很有意见，这天纠集了不少人一起去厂长办公室质问。群情汹涌，气氛很是紧张。

刘厂长知道来者不善，如果表示发薪困难，那么这些人就会带头砸了自己的办公室，抢走值钱的东西，然后全厂就可能开始砸机器卖废铁，设备流水线一破坏，那就真是回天乏力了。所以他不但承诺发钱，并且说已经接到了新的订单。

听说接到了新订单，大家知道工资有了着落，情绪一下子就好转了。厂长再劝劝大家也就回去了，一场惨剧终于没有发生。

　　"虚之者实,实之者虚。"以前古代钱庄资金紧缺的消息传出后,很多人来兑银子,老板就是借高利贷也要凑起钱让人兑现,为的就是怕自己的底细被人识破引起所有人同时前来提款。这个招数,刘厂长学得很好。

　　对于我们来说,撒谎的时候也需要注意这样两点:一是不可露出破绽。一旦你的谎言被揭破,人群会变得更惊恐。这样猜测的人越多,事情变糟的可能性就越大;二是不可事后不弥补。谎言终究是谎言,瞒得过一时,瞒不过一世。如果危机过后,你不把事情的前因后果及自己这样做的苦衷向大家讲个明白,那么下次就再也没有人会相信你的话了。

# 场景 24：谢幕，让死者安息

　　亲友的逝世对于活着的人是一种难以排遣的哀伤和歉疚。然而心有余而力不足，我们未必能真正去实现死者的每一个要求，如果希望死者能安心上路，不留遗憾在人间，唯有以白色谎言替代现实。这是生者与死者之间最大的欺骗，也是对死者最大的善意。

## 最大的安慰

　　在电影中，死人永远不会利索地死去，如果这个人和主角有点关系，在剧情中占一点分量，那么你可以看到他虽然奄奄一息，但是十几分钟都不会断气，就算伤口达到了一枪毙命的程度，他也会把话说完，把事情做完才闭目死去。

　　要是主人公迟迟没有赶到，那么死者心愿未了，再痛苦也不会死亡。金庸小说《雪山飞狐》中马春花被薄情的福康安母子所害，中毒已深，无药可救，眼看处于弥留之际。可是她迟迟不肯安心地闭眼离去，嘴里念叨的都是那位负心人的名字。直到胡斐请来和福康安长得一模一样的人抱着马春花，她才微笑着离开了人世。

　　一个人生死关头依旧恋恋不舍的肯定是他最深切的渴望。出于人道主义，哪怕是最朴素的怜悯之心，也应该让他走得安安心心,否则愧疚的只是你自己。

小叶是个农村孩子,家里穷,全靠父亲到山上打点野味卖给镇上的酒家换钱才有学费念书。山上悬崖峭壁,野兽众多,父亲好几次差点没命,这学费可是真正的血汗钱。

今年小叶高考,全家人烧香拜佛希望他能考上大学。为了让孩子补补身子,父亲又上山打猎去了。可是父亲这一去却几天没回家,直到小叶高考完了,父亲才被人从山脚下找到,原来他遇见了熊瞎子,虽然逃了性命,但还是被熊瞎子抓伤了手臂和脸,并因看不清路而从悬崖上掉下去。

这一次是真的不能治了,伤势太重,父亲只有出的气没有进的气。可是他依旧使劲儿地撑着,说自己一定要看见小叶拿到录取通知书,每天听见屋外有人经过,也要叫孩子妈去问问是不是来通知小叶被录取了。

这天父亲的确已经到了油尽灯枯的地步,昏迷了一个上午,晚上突然回光返照的样子,说话精神起来,不一会喉咙里嘎嘎作响,眼看就要闭过气去。母亲已经哭着说,孩子他爸你就安心走吧,别折腾自己了。

可是父亲依旧不肯安静离开,只看着小叶大声出气,大家都明白他还是想着孩子考大学的事情。可是小叶哇的一声哭出来,跪倒在父亲面前说自己因为高考那几天父亲失踪,自己心情不好没有发挥好,结果考得很差,别说一本、二本,连个专科的分数线都不够,今年是肯定等不到录取通知书了。

小叶爸听了这话,眼睛里的光亮一下子黯淡了,就这样睁着眼睛去世,任谁都无法让他闭眼。小叶自责得不得了,很多年后依旧记得父亲那双透露着极度失望的眼睛。

若是当初小叶灵活一点，不那么实事求是，告诉父亲自己考得很好，或者拿出个自制的录取通知书让父亲高兴一下，安安心心地去世，不是更好吗？老人家走得安心，小叶也就不会在多年之后依旧受到良心的折磨，觉得自己对不起父亲了。

## 答应死者的遗愿

"一言九鼎"的人因为要切实地去实行自己的每一句话，所以往往语言谨慎，轻易不肯承诺什么。"言出必行"是一种好品质，但是事有例外，有时候过于顾虑承诺的责任而不肯答应死者的要求，于人于己都是一种痛苦。

周先生夫妇家境富裕，而妹妹妹夫却仅在温饱线上挣扎。一次车祸，妹妹当场死亡，妹夫虽然被救到医院，却也回天乏术。赶来的周先生夫妇问起妹夫有什么遗愿，妹夫说希望周先生夫妇能收养自己的独生女儿，让她能在物质、感情上面没有什么缺憾，不要因为父母双亡而过着孤儿的生活。

其他都好答应，这件事却让周先生犯难了：现在收养条件这么苛刻，自己要是收养了妹妹的女儿，那就不能有自己的亲生孩子了，何况养女不是亲女，到时候怎么管教呢？如果教得不好出了事情，那自己就为千夫所指了。想到这些，周先生迟迟不肯应承，只是说一些"小囡有她外婆照顾，我们也会帮忙"之类的敷衍话。最后妹夫离开时，眼里竟然满是绝望和怨恨，那眼光在很久之后依旧不时出现在周先生夫妇的梦中。

其实临终前的承诺，对死者的精神意义远远大于实际意义。就算你答应得千好万好，到时候有实际困难做不到，大家也未必会怪你在死者面前的胡乱承诺，那又何必因为怕承担责任而让死者走得不安心呢？

《乱世佳人》续集中，瑞特先生在黑妈妈临终前承诺好好照顾斯佳丽，可是办完葬礼后就打算离开。斯佳丽质问他的时候，他仅仅轻松地解释说自己只是为了让一个辛劳了半生的人可以平静地离开，至于这个责任，大家都知道是无法实现的。

相比于周先生，瑞特并非责任感缺失，但多了几分慈悲，在善意面前愿意通融，没有造成死者的遗憾。他的谎言是善意的，也是高明的，且看书中描写的情景：他微笑地看着黑妈妈的眼睛说话，继而大笑，语调轻松自如，不改平日浪子本色。这也是精明了一辈子的黑妈妈也被骗过的原因。

有时候我们愿意用白色谎言成全死者的遗愿，但是不自然的表演却让对方看出破绽，继而失望离去，谎言并没有起到料想中的作用。可见死者的遗愿，不但要答应，而且还要答得巧、答得妙，才能避免徒劳无功。即使在生离死别的关键时刻，说谎者也不能改变平日说话做事的风格，反常的言行只会让对方产生怀疑。平时是如何说话，现在就如何说话，可以添加悲伤，却不能像换了个人似的，反倒有做戏的嫌疑。

同时要避免痛哭流涕一味点头的做法，试想对方看到你只顾着哭泣，只会"嗯嗯啊啊"，难免觉得你是在敷衍，连听清自己的话都尚存疑问，又怎能放下心来呢？适当复述一部分对方所说的内容，清晰肯定地回答，甚至添加一些自己的语言，比如老人担心孙子的婚事，你可以承诺不但帮他介绍，还要挑贤惠的介绍，然后生个大胖小子，才是最有力的安慰。